鈴木佐喜子
Suzuki Sakiko

時代と向きあう保育

下

子どもの育ちを守ることと
親を支えることの
ジレンマをこえて

ひとなる書房

装幀／山田道弘
写真／川内松男

時代と向きあう保育

下巻●目次

上巻●目次

第Ⅱ部

親との かかわりを中心とする 保育実践の課題

第一章

親の養育責任と保育・社会的支援

①子育ての実態をつかむことの意味

親に対する保育者の悩み、戸惑い

夜型の生活や休日のお出かけ、ベビーフードや紙オムツの利用、イライラして子どもに当たるなど、家庭での子育てで気になることがたくさんあり、多くの保育者が今の子育てに危機感を抱いています。また親との関係で神経を使い、親に言いたいことが言えずストレスをためる保育者もいます。

さらに、「親のニーズに応える」こと、「子育て支援」の必要性が叫ばれ、地域子育て支援、途中入所や定員を越えた子どもの受け入れ、延長保育など多くの課題が保育園に求められるなかで、「どこまで受け入れればいいのか?」という戸惑いを感じる保育者も少なくありません。とくに子育て支援に対しては、「子育て支援は親のためであって、子どものためではない」と考える人が少なくありません。「親が駄目になったから、こんなこともやらなければならない」「親の甘えや依存心を助長するのではないか?」と疑問を抱く保育者もいます。こうした思いが根底にあることが、親の対応や子育て支援に対して徒労感、負担感を強めているように思います。家庭での子育てと保育との関係、保育者の専門性が問われていると言えましょう。

たしかに今日進められている国の保育や子育て支援の施策は、上巻第Ⅰ部でくわしく述べたように、経済のグローバル化、少子高齢化社会をにらんだ経済戦略、労働戦略に則った施策であり、子どもの人権・発達保障の観点が貫かれたものではありません。しかしだからといって、子育て支援をすべて否定し取り組まないということもまた誤りだと考えます。

こうした現状において、今の親や子育ての困難をどうとらえ、保育とは何かということを改めて明らかにすることと共に、家庭での子育て・親の養育責任と保育・社会的支援との関係、子どもの人権・発達保障と子育て支援との関係を整理することが、今後の保育に確信をもつうえで重要ではないかと考えます。本章では子どもの育ちにかかわる専門家として、家庭での子育てと保育・社会的支援をどうとらえ、親とどうかかわるのかを考えてみたいと思います

② 日本は子育ての喜びや満足を阻害する社会

「楽しいはずの育児が毎日、とても苦しく、悲しい。イライラして一度怒りだすと止まらない。……毎朝、『今日こそは優しいママでいよう』と思うのに、一時間もしないうちにイライラは爆発寸前。……どうしたらまた優しいママになれますか？　教えて下さい。こんな毎日イヤです[1]」。この母親のように子どもとだけ向き合う生活に閉塞感を感じ苛立つ母親、育児不安を抱え子育てがつらいと訴える母親が数多くいます。苛立ちや不安から、虐待とまでは言えなくとも子どもに当たってしまう母親も少なくありません。なぜでしょうか。

スウェーデンの家族婦女審議会答申「幼児のためのよりよい保育所」のなかに、「よい親として機能するためには、親の役割に喜びを見いだすことが必要」……。親の「喜びや満足は、時間がないとか、精神的に圧迫されるとか、責任の重さにおしつぶされるように感じるような時には、容易には発達させることができない。人は体験を分かち合える人々を必要とする[2]」と書かれています。日本の現状と照らし合わせてみると、働く父母の多くは肉体的にも精神的にも疲れ「時間がない」なかで子育てをしています。子育てがもっぱら母親だけに負わされ、孤立したなかで「精神的に圧迫され」「責任の重さにおしつぶされるように感じ」ながら子育てをしている母親もたくさんいます。

日本で多くの母親が子育てで悩み、不安や苛立ちを抱えているのは個々の親の「甘え」や「ワガママ」というより、今の日本が親の子育ての喜びや満足をさまざまな形で阻害する社会だからではないでしょうか。

3 親が養育責任を果たせるための援助

子育て支援はなぜ必要なのでしょうか。子育て支援が、「親の甘えやワガママを助長するだけ」であれば、保育者が虚しさを感じるのも当然です。子育て支援に対する疑問や戸惑いは、親の養育責任と保育・社会的支援との関係が整理できず、子育て支援の意味をとらえきれないことから生じている面もあると感じます。

この点で、子どもの権利条約の第十八条（親の第一次責任と国の援助）は示唆的です。まず「子どもの養育責任は第一次的には親にある」と述べたうえで同時に「締約国は、親および法定保護者が子どもの養育責任を果たすにあたって適当な援助を与え、かつ子どものケアのための機関、施設およびサービスの発展を確保する」[3]と規定しています。つまり国の社会的援助は親が養育責任を果たすために不可欠のものであると見なしているのです。今日の社会では親の力だけでは、子育ての責任を充分に果たすことができない、親が親として成長し、養育責任を果していけるようになるためにこそ、国による社会的な子育て支援が必要だということです。「親が養育責任を果たせるための援助」という視点をおさえておくことが重要だと考えます。

そして、スウェーデンの答申が述べているように、子育ての満足の喜びを実感できるよう時間的・精神的ゆとりと子育てをめぐる豊かな人間関係を、日本の社会全体で親に保障し、子育て支援を充実していくことが、今日の重要な課題なのです。

4 子育て支援に「子どもの視点」を位置づける

さらに、子育て支援のなかに、子どもの視点を位置づけることが重要です。このことを「親への支援が子どもの幸せに結びつく子育て支援[4]」と表現した保育者もいます。一方で「少子化対策」「利用しやすい保育所」「待機児童ゼロ作戦」を掲げ、保育の規制緩和を進める国の施策は「子どもの最善の利益」を中核にすえたものとはなっていない現状があり、他方で、子育て支援は「親へのサービス」であって、「子どもの幸せとは相反するもの」と理解され、消極的な対応を取る傾向も見られるからです。

一時保育に取り組み始めたある保育園の保育者たちは、最初は、「お母さん、子育てっていうのはね……。子どもは荷物じゃないんだよ」などと思っていました。しかしたくさんのケースに接し、地域の状況も見えてくるなかで、「子どもを〝荷物〟だなんて思っている親などいないんだ」、「本当にかわいく大事に思っているんだけれど、ちょっと息抜きがしたいだけ[5]」という母親の気持ちが理解できるようになってきたと語っています。このように、一時保育や子育て支援の取り組みに参加したり、子育ての悩みを保育者に相談することで、気持ちの余裕や元気を取り戻し、子育てに前向きに取り組めるようになっている親たちがたくさんいます。

丹羽洋子氏は、「母親の人間性が押しつぶされてしまう今の閉塞的な育児環境」のなかでは、「子どもが人間として尊重されることと母親が人間として尊重され、人間らしく生きられることとは、まさに表裏一体の関係[6]」にあると指摘しています。母親が人間らしく生き、安心して子育てに取り組めるように支援をすることは、子育ての改善につながり、やがては「表裏一体の関係」にある子どもの幸せにつながっていくのです。

ある研修で、「下の赤ちゃんと過ごしたい」「上の子と出かけたい」という理由で土曜日、仕事が休みでも三人の子どものうち二人を預けたいという母親の事例が出されました。保育園は母親の子育ての大変さを理解し、受けていくことにしたところ、真ん中の二歳の子どもは朝泣いてしまうのです。少し遅い登園といういつもと違った雰囲気に「今日はお休みできる」と思っていたのに、そうではなかったからでしょう。その姿や園を休むのはいつも上の子か下の子で、真ん中の二歳児はいつも預けられることに心を傷めた保育者は、子どもと母親に「今度は○○ちゃんが休めるといいね」と声をかけたということです。

子どものためにと親に我慢と犠牲を強いるのでもなく、子どもの視点を置き去りにするのでもなく、親も子もそれぞれが人間として尊重され、親は喜びや満足を感じながら子育てができ、子どもの育ちや安心できる生活が保障されるように、保育・子育て支援を充実していくことが重要なのです。この理念を国・行政の子育て支援施策にも、毎日の保育や子育て支援の実践にも、貫いていくことが大切であると考えます。

第一章　注

(1) プチタンファン編集部『読んでくれて、ありがとう』一九〜二〇頁、婦人生活社、一九九六年

(2) 大宮勇雄「親の要求の尊重と子どもの養育責任」『現代と保育』二六号、八八〜八九頁、ひとなる書房、一九九一年

(3) 国際教育法研究会訳『子どもの権利条約』を用いた。永井憲一他編『解説　子どもの権利条約』一九四頁、日本評論社、一九九〇年

(4) 熊本あゆみ子どもセンター・田中昭子「今求められている内容とは何か」『現代と保育』五三号、五五頁、ひとなる書房、二〇〇一年

(5) 田中登志江「地域のみんなの保育園をめざして」『現代と保育』五三号、二四頁、ひとなる書房、二〇〇一年

(6) 丹羽洋子『今どき子育て事情』八三頁、ミネルヴァ書房、一九九九年

第二章

親への見方を見直す

①「今の親は保育者に批判的？」を考える

違いを感じているのは親よりも保育者

今、親との関係で悩み、割り切れない思いを抱えている保育者も少なくありません。親に伝えても「はい、わかりました」の返事だけで全く変わらない、場合によっては苦情が役所に行く、連絡帳にぎっしり反論を書かれるなど、保育者の子どもへの思いが親に通じにくく、親と一緒に子どもを育てていく関係を作っていくことが簡単ではない現状があるからでしょう。

このように多くの保育者が親のことで苦労していることは事実です。しかし、それは多くの親

表１　保育者と親の子育て認識の食い違い

	n=	園の方針	子どもの遊び	子ども同士	子どもの見方	生活習慣	習い事	平均(%)
保育者	65	37(56.9) 26(40.0)	23(35.4) 38(58.5)	41(63.1) 22(33.8)	34(52.3) 27(41.5)	44(67.7) 20(30.8)	26(40.0) 29(44.6)	(52.6) (41.5)
親	452	104(23.0) 347(76.8)	47(10.4) 393(86.9)	61(13.5) 376(83.2)	78(17.3) 361(79.9)	54(11.9) 383(84.7)	13(2.9) 312(69.0)	(13.2) (80.1)

上段＝有　　下段＝無

鈴木佐喜子他「保育者と親の食い違いに関する研究」『保育学研究』(1999年) より

が園の保育や保育者に「批判的」であり、協力的ではないということを意味するものではありません。筆者は幼稚園・保育園の親と保育者を対象に、保育者は親に、親は保育者に対してどのような「食い違い」を感じているかを調べたことがあります。すると、保育や子育てについて食い違いを感じているのは、親よりも保育者のほうが圧倒的に多かったのです(1)。

「園の方針」「子どもの遊び」「子ども同士の関係」「子どもの見方」「生活習慣」「習い事」の六項目について、保育者あるいは親と食い違いを感じる者（かなり感じる・やや感じるの計）の割合の平均が保育者五二・六％に対して、親は一三・二％です。保育者では半数以上の者が食い違いを感じており、親よりも圧倒的に多かったのです（表1）。

この結果は、親が自分の子どもの経験から答えているのに対して、保育者は一人で多数の親を相手にしており、しかも年毎に保育者としての経験を積み重ねるなかで親に対する食い違いも蓄積していることを考えれば当然かもしれません。ただ親よりも保育者のほうが食い違いを感じているということをまずは確認しておきたいと思います。

この調査結果を講演会などで紹介すると、「食い違いを感じる親が少ないのは意外」「もっと多いと思っていた」「安心した」という保育者の反応が返ってくることがあります。親とのトラブル、親との関係に難しさを感じている保育者にとっては、もっと多くの親が園や保育者に対して注文をつけたり、批判的であると思っていたようです。たしかに今、多くの保育者が親のことで苦労している現実がありますが、それはすべての親ではありません。保育者が親に対して必要以上に疑心暗鬼になっていることはないか、ふりかえって考えてみたいと思います。

子どもの成長を保障する保育園への親の信頼は高い

さらに言えば、多くの親たちは、保育園は子どもの育ちにとって大切な場であると考える親がたくさんいるのです。先の東社協保育士会保育研究部会の調査で「保育園に預けて良かったところは、どんなところですか」（自由記述）と聞いたところ、一番多かった回答が、「集団生活で社会性が広がる」「のびのびしている」「思いきりあそべる」「自立心が育つ」「基本的生活習慣や生活リズムが身につく」など、「子どもの育ちにとって良かった」という回答が九百十六名中四百三十一名と圧倒的に多かったのです。

一方調査では、「保育園に預けて困っていること」「もっとこうだったらいいなと思うこと」

「保育者に言われて嫌だったこと」も聞いているのですが、「特にない」「満足している」「今のままでよい」など、保育園を肯定的にとらえた回答が、困ったこと、嫌だったことの回答を大きく上回っていました。[2] 回答を寄せてくれた親たちという限定のもとでの考察ですが、多くの親たちは子どものことを大切に考え、子どもにとって保育園の保育のよさ、意味をきちんと認め、保育者と子どもの成長を共有することにうれしさを感じているのです。

これは、子どもの幸せを願い、育ちを保障する保育を親と共に積み重ねてきた保育者たちの努力の賜物であり、そのことが親たちにきちんと伝わっている結果なのだと思います。「今の親は……」とさまざまなことが言われますが、多くの親たちが子どものことを大切に思い、子どもの生活や成長にとっての保育のよさを認め、保育園を信頼していることをまず確認しておきたいと思います。また、親と保育者の関係を考える時、子どもの保育をないがしろにして、親との関係だけをよくするということはありえないことを示しているようにも思います。

2　「今の親は……」という思い込みはないか？

親を理解するうえで、まず保育者自身の親の見方をふりかえってみることが大切ではないでしょうか。保育者が「今の親は自分本位」などという目で親を見てしまい、そのことが親との関係を一層、難しくしている場合があるように感じるからです。

休日の過ごし方を例に考えてみましょう。雑誌「ちいさいなかま」のなかで、「月曜日はつらい！」というテーマでこの問題を取り上げたことがあります（連載「育児文化レーダー」）。月曜日の朝は、子どもたちがイライラしてトラブルが絶えず保育が大変、月曜日に子どもが荒れてしまうのは、生活リズムが乱れ、疲れをひきずったまま登園してくる、休日の過ごし方に問題があるのではないかという保育者の声があります。他方、親はどう思っているのでしょうか。同じ雑誌への母親からの投書に、休日の過ごし方についての「保母さんの言葉に悲しくなって……」というものがありました。(3) 戸外で思いきり遊ばせたい、子どもがいると父親が休息できないなどの理由から、三歳の息子を連れて外出することが多かったのですが、たまたま続けて風邪をひいたりすると母親の身勝手で子どもを引き回していると保育者から決めつけられ、忠告が度重なると悲しくなってしまうというのです。

そこで、埼玉県立大学短期大学部の清水玲子氏と一緒に「休日のお出かけ」について、保育園に子どもを預けている親を対象にアンケート調査を実施してみたのです。すると、月に三〜四回、月に一〜二回という回答が多く、たしかに「お出かけ」の頻度は高かったのですが、注目したのは「お出かけ」の理由です。子どもともっと接したい、子どもの体験を広げたいなど「家族のふれあい」「子どものため」という回答が多かったのです。「家の中で子どもに『あれもだめ、これもだめ』といってばかりいるので、休みの日ぐらいは、のびのびと好きなことをやらせてあげたい」「何よりも家事に追われずに子どもと接することができる」という意見もありました[4]。たしかに自分の楽しみのためにお出かけをする親もいるでしょう。しかし多くの親は「子どものため」にお出かけをしており、「自分が楽しみたいから出かける」という保育者の見方との間には隔たりがあることが明らかになったのです。

子どもに対しては、子ども同士のトラブルのなかである子が別の子を叩いてしまった時など「外側の行動だけで決めつけないで子どもの気持ちをていねいに聞きながら対応することが大切だ」という保育者が多いのではないでしょうか。ところが、親に対しては、休日のお出かけだけでなく、紙オムツやベビーフードの利用などについて、親の「外側の行動」だけで、「親が楽をしたいから」「親が楽しみたいから」と決めつけてしまうことが多いように感じます。思い込みを捨て、親がなぜそうしているのか、父母の生活や思いにていねいに耳を傾けることから、親と保育者が一緒に子どもを育てていく関係は始まるのだと考えます。

先に明らかにしたように、多くの親は「子どものために」とお出かけをしています。そうであれば、親も保育者も子どもを大切に思う気持ちは共通なのですから、そのことを土台として休日の過ごし方や月曜日の保育のあり方を共に考え合っていけるのではないでしょうか。また、保育は「目の前の子どもの姿から出発する」と考えれば、何も目一杯の保育を月曜日に組まずに、もっとゆったり子どもたちが過ごせる保育へと見直してもいいはずです。ある職員研修で話をした時、保育者がこの点について「家庭での生活は保育園のためだけにあるのではないんですよね。

保育園での生活も家庭での生活もどちらも大切なのだと思いました」と言われて、本当にそうだと教えられました。

③「父にやさしく母にきびしい」保育園になっていないか?

自由業の母親がカジュアルな服装で保育園に子どもを預けにいくと「お母さん、今日はお仕事、お休みなんですか?」と聞かれる。言外に「母親は仕事が休みの日ぐらい、家で子どもの面倒を見るべき」という批判が込められている。ところが、父親が登山服姿で送迎に行くと、同じ保育士から「あら、お父さん、かっこいい」と明るい声で迎えられる。

一日の勤務を終えて、駅の改札口を通る時、子どもたちの顔を思いだすという父親は「なんて子煩悩なお父さん」と言われるが、それが母親だと「それまで子どものことを忘れていたのか」と眉をひそめられる。

発熱などで子どもが体調を崩すと、園からの連絡はまず母親の勤務先にかかってくる場合が大半。仕事を抜けられない母親が夫の勤務先に連絡を頼むと「お父さんの職場にかけてもいいいんですか?」と逆に確認される。

これは、大日向雅美氏が、「父にやさしく母にきびしい社会(5)」という文章のなかで、紹介している事例です。大日向氏は、社会のなかで父親と母親に対する眼差しに違いがあり、「母親はたとえ仕事を持っていても育児に全力を注ぐべきと考えられ、他方、父親には日常的な育児はあまり期待されず、育児をしただけで十分賞賛の対象になるという対比の図式」は随所で見られると指摘しています。働く父母を支えるはずの保育園、保育者の対応のなかに、大日向氏が指摘する「父にやさしく母にきびしい」ということがないか、ふりかえって見直してみる必要がありそうです。

「母子関係が気になる」という保育者の声をよく耳にします。「せめて家に帰ってからはたっぷりかかわってほしいと思うのだけれど、テレビやビデオまかせ。母子関係が希薄になっている」「母親がイライラして子どもと接している」など。目の前の現象としては、たしかにその通りだと思います。しかし、なぜ母親がそうなっているかを把握せず、「母親の問題」としてのみ見てしまうことで、結局は「母にきびしく」という見方になっていないか考えてみたいのです。

今日の労働実態のなかで厳しい働き方を求められている母親が少なくありません。しかも父親の帰宅は遅く、平日の家事・育児のほとんどは母親の肩にかかっています。多くの母親は疲れ、時間がないなかで、家事や子育てをしなくてはなりません。疲れてイライラして子どもに当たってしまったり、時間がないなかで、「早く」と子どもをせかせたり、食事がきちんと作れないということもあるのです。背後にある父母の労働実態や父親の家事や子育てへのかかわりをとらえないと、「子どものことを考えないひどい母親」という「母にきびしい」見方をしてしまいがちです。そして、口に出して言わなくとも、こうした見方で母親を見たり、対応することで、母親をさらに追い詰めてしまうのではないかと思うのです。子どもに何かあると母親や母子関係が問題とされ、たまに父親が子どもの送迎に保育園に行くと「偉いわね」と褒められるというまさに「父にやさしく、母にきびしい」見方や対応がないか、ふりかえってみたいものです。

4 親の子育てをチェックするのではなく、必要な助言と援助を

ニュージーランドの子育て支援団体、プランケット協会のしおり「クライエント（利用者）としてのあなたの権利」のなかに「評定さない権利[6]」が挙げられていることに、ハッとさせられました。保育者や専門家の親への対応や子育て支援のあり方についてのとても重要な問題提起が含まれていると感じたからです。

電車の中で小さな子どもがぐずったりすると周囲の人々から「あの親は何をやっているのか?」という冷たい視線がその親子に注がれていると感じることがあります。また、保育者や専門家たちのなかにも、今の母親は「こんなことも知らない」「こんなこともできない」とか、あるいはあの親は「過保護」「過干渉」などと親を評価する傾向が強いのではないでしょうか。こうした周囲の眼差しが、母親たちをますます追い詰め、子育てへの自信を失わせているように思うので

す。

この点について、兄弟の子育てを例に考えて見ましょう。下の子が生まれると、二人の子どもをお風呂に入れられない、買い物に出かけるのも大変と兄弟の子育てに四苦八苦する状況が見られます。お迎えの時、二人の子どもに同時に対応することができず、上の子と対応している時、下の子は荷物のように扱われているという保育者の話を聞いたこともあります。とくに上の子どもを「可愛がれない」「つらく当たってしまう」「公平に子どもに愛情を注ぐことができない」と悩む母親が少なくありません。下の子どもか可愛いと思えるのに、上の子どもに対して、イライラして辛く当たってしまい、落ち込んでしまうというのです。

なぜ、上の子が可愛く思えない、上の子に辛く当たってしまうのでしょうか。これは筆者の推測ですが、下の子どもに対しては子育ての経験もあり余裕があります。その結果、下の子は可愛いと感じられます。ところが、上の子の子育てには、「いつも初めて」の戸惑いや緊張がつきまといます。さらに年齢的にしつけをしなければという意識も出てくるでしょうし、「お兄ちゃんになったのだから」「お姉ちゃんになったのだから」という期待もお母さんのなかにはあるでしょう。しかし、上の子どもは、下の子にお母さんを取られてしまいかまってほしい、甘えたいという気持ちもあり、また、二歳、三歳であれば自己主張も強く、駄々をこねたり、かんしゃくを起こす場面も多くなります。こうした母親の側の期待と子どもの実像とのギャップがこうした上の子に当たってしまうことにつながっているように思うのです。

兄弟の子育てで苦労する母親、上の子が可愛がれないと悩む母親に対して、「昔の母親は五人や六人も子どもを育ててきた。たった二人の子どもの世話もできないのか。育児力の低下ではないか」という非難の目が向けられることが多いのではないでしょうか。

丹羽洋子氏は、兄弟の子育てに悩む親について、次のような興味深い指摘をしています。子どもが五人も六人もいた時代には、家事も忙しく下の子が生まれたからといって上の子の心理状態を心配する余裕もなかった。また、他の兄弟、家族のなかで、上の子どもの気持ちも受けとめられていたに違いないというのです。そして、「今日の母親の育児力の低下」に対して、「核家族に子ども二人という時代だからこそ」上の子の問題で悩まなければならなくなったのであり、そこには、「少子と核家族」という「構造的育児困難」が存在すると指摘しています(7)。

かつては下の子が生まれて母親を取られてしまっても、兄、姉が遊び相手になってくれたり、祖父母が甘えさせてくれました。ところが、今日の核家族の家庭では、平日は母親一人で子育てしなければなりません。上の子の相手をするのも、下の子の世話をするのも母親一人しかいないのです。子どもの数だけで比較して単純に「育児力の低下」と決めつけることはできず、「少子と核家族」という「構造的育児困難」が存在するという丹羽氏の指摘は説得力を持っていると言えるでしょう。

先に紹介した「評定されない権利」を掲げているニュージーランドの子育て支援団体プランケット協会には「第二子の誕生」という育児書があり、そのなかには次のように書かれています。

「新生児と幼児を一緒に世話するということは大変なことです。……新生児の世話で夜間眠れないままに疲労して朝を迎え、忙しい幼児に付きあうことは困難なことです。あなたは超人ではないということを忘れないで下さい」。そして、上の子を乳児の世話に加えるように心がける、母親が休息したり乳児の世話ができるように上の子を連れ出してもらったり、上の子と時間を過ごせるように乳児の世話をしてもらうための援助の申し出を受けなさい、などの具体的なアドバイスが書かれているのです。

こうした子育て支援の根底に「親は子育ての方法について本能的に知っているわけではないから、助言や支援を受ける必要がある」[8]という認識がすえられているといいます。親の大変さに深い共感を寄せながら、具体的な助言や援助が行なわれていることを強く感じました。

また、カナダの子育て支援プログラムのテキスト『完璧な親なんかいない！』のなかにも「他人の視線」という項目があり、次のように書かれています。

たとえば、買い物に行った店で子どもがかんしゃくをおこしたとします。あなたが子どもを叱りつければ、それを見てきびしくてまじめな親だと思う人もあるでしょう。でも、子どもが虐待されていると思う人もいるかもしれません。反対にあなたが子どもがおとなしくなるまでじっと待ち、やさしい言葉をかけてやってから買い物を続けたとします。ある人はそれを見て、愛情たっぷりのやさしい親だと思うでしょう。けれども、子どものいいなりになる意思の弱い親だと思う人もいるのです。

どんなやり方をしてもすべての人の気に入ることはありえないのです。「大切なのはあなたがどう思うか」であり、「自分の判断を信じましょう」と呼びかけています。そして、親も子どもも、お店であなたに眉をひそめた人だって、完璧ではない、「完璧な人間などどこにもいません」と結んでいます(9)。

初めての子育てに向き合っている親に、わからないことや上手にできないことがあるのは当然です。ニュージーランドやカナダの子育て支援の精神が示しているように、最初からうまく子育てできる親はいない、「完璧な親なんていない！」のです。それを「こんなことも知らない」「こんなこともできない」「育児力の低下」と子育てをチェックされ、親は不安と緊張のなかで子育てをしているのが、今の日本の現状ではないでしょうか。周囲の評価や非難の眼差しが、子育てを一層息苦しく、困難なものにしているように思います。親がわからなければわかるように、困っていれば解決のための助言や援助をするのが専門家の役割のはずです。保育者をはじめ子育てにかかわる専門家は、子育てを「評価」「評定」するのではなく、親への共感と配慮を土台とした助言、援助にこそ力を尽くすべきだと考えます。

第二章　注

（1）鈴木佐喜子他「保育者と親の食い違いに関する研究～保育、子育ての問題を中心に」『保育学研究』第三七巻第二号、七三～七四頁、日本保育学会、一九九九年十二月。調査は東京都内及び埼玉の保育園、幼稚園の親と保育者を対象に、一九九七年に実施。

（2）東社協保育士会保育研究部会「親の生活や仕事の実態と保育園への要望」に関する調査

（3）『ちいさいなかま』一九九七年八月号、一八～一九頁、草土文化。なお、連載「育児文化レーダーは、清水玲子・鈴木佐喜子『今の子育てから保育を考える』草土文化、二〇〇三年、にまとめられている。

（4）清水玲子・鈴木佐喜子、前掲書、一八九～一九二頁

（5）大日向雅美『母性愛神話とのたたかい』四八～四九頁、草土文化、二〇〇三年

（6）松川由起子『ニュージーランドの保育と子育ての支え合い』一四八頁、渓水社、二〇〇〇年

（7）丹羽洋子『今どき子育て事情』五五頁、六五～六六頁、ミネルヴァ書房、一九九九年

（8）松川由起子、前掲書、一三六～一三八頁

（9）ジャニス・ウッド・キャタノ、三沢直子監修、幾島幸子訳『完璧な親なんていない！』二四頁、ひとなる書房、二〇〇二年

第三章

家庭での子育てに保育者はどうかかわるか

① 親の主体性を尊重し、親として育っていける援助

「うちの子は〇〇〇〇グラムですが、紙おむつはSですか？　Mですか？」と電話相談にかけてきた母親がいるという話を聞いたことがあります。部屋の温度は何度、着せる服は何枚、ミルクは何CC……。育児情報があふれている今日、親たちのなかには体のことは医者や看護師、子育てのことは保育園の先生と、専門家から早く〝正解〟を教えてもらって、子育てをしたいと考える傾向があります。

いづみ保育園の元園長の清水住子さんは「この考え方を変えることが保育者の親に対する教育」だと指摘しています。「自分の思いをこめて、自分の感覚で判断したらいいのです。このくらい

の熱だったら明日まで大丈夫やとか、このくらいのけがだったら家で手当てすればいいとか、自分のこれまで生きてきた力で事にあたればいいのです。判断を他人に預けてしまうことで、子育てが歪んでしまうのではないでしょうか。親子ですから多少失敗してもいいのです。もっと心をこめて直接向き合ってほしい[1]」というのです。

紙おむつが子どもにきつそうであれば大きいサイズ、ゆるければ小さいサイズというように、当たり前のことかもしれませんか、外に正解を求めるのではなく、目の前の子どもを見て、自分で判断して子育てしていくことが大切なのです。一方的に正解を教えるという形ではなく、親が自分の思いをこめて子育てをしていくことができるように、子育ての力を育んでいけるように援助をすることが保育者に求められているのです。

2 一緒に学び合う

自分の子育てに取り入れるかどうかは、それぞれの主体性の問題

離乳食が進んできたので、「そろそろ朝食を」と話をしたところ、「朝食を食べたことがないので、子どもに何を食べさせてよいかわからない」という母親。このように、今日では、どうしていいかわからないという親もたくさんいます。ですから、保育者がいくら親の主体性を大切にしたいと考え、「どう子育てしたいですか」と聞いても、「わからない」親も多いのではないでしょ

うか。その際、「一緒に学ぶ。しかしそこからどう学んで、自分の子育てに取り入れるかどうかは、それぞれの主体性の問題[2]」という姿勢が重要だと考えます。

育児の情報があふれているようでいて、大切にしたい生活のこと、子どものことが十分に伝わっているとはいえない今の状況のなかで、「伝える」ということは、やはり必要なことなのです。親が「知らずにやっている」あるいは「知らずにやっていない」ということと「知っているけれど、今の生活を考えてやらない」ということとは違うと考えるからです。

その際、保育者が伝えた通りにする親が「いい親」で、やらない親は「困った親」という見方にならないことが大切です。保育者の言うがままというのは、やはり親としての主体性を発揮していることにならないからです。保育者が伝えたことを「取り入れるか、取り入れないか」については、親が目の前の子どもの状態や自分の生活のなかで総合的に判断をしていく、判断していける力をつけていくという方向性を持って、子育てに対する助言、援助をしていくことが大切だと考えます。保育者が伝えていく際にも、親同士が交流したり、親の意見をよく聞いて考え合ったり、保育者からの一方的な形にならないように気をつける必要があるでしょう。

③ 親の子どもへの思いを共有する

親の子育ての主体性を尊重し、親として育っていけるように、親が自分の思いをこめて子育てをしていけるように援助することが大切だと述べてきました。そうだとしたら、保育者は親の子育ての思いを理解し、共感することがまず大切ではないでしょうか。

自分のお子さんに難病が発見され、そのことを保育園に伝えたという神田英雄氏の体験は、「子どもへの思いを共有することの意味」を改めて考えさせられるものです。

お子さんが七ヵ月の時に「死亡率が最も高いのは、二〜三歳の頃」という難病が発見され、神田氏は、親として不憫でどうしようもないという思い、園の対応への期待と不安を抱えながら病気発見のことを保育園の連絡ノートで伝えました。神田氏は、その時、二つの両極端の返事を予想したといいます。一つは、責任が持ち切れないと退園を迫られる、もう一つは、保育の専門家らしく、この子にあった保育方針を立て、「一緒に育てましょう」と励ましてくれることです。ところが、受け取った返事は、二つの予想とは全く違ったものでした。

「どうして、よりによって○○ちゃんがこんな大変な病気になってしまったのでしょう」「どうしたらよいか途方に暮れています」とノート三ページに渡って細かい字で泣き言が綴られていたのです。それを読んだ神田氏は、「ショックを感じるほどうれしかった」と書かれています。それは、「保母さんが親と同じ気持ちで見てくれているという感動」でした。「いかに保育者が専門家だといっても、何万人に一人の病気や障害のすべてを知っているはずはないわけです。知らなくてもいい……子どもを担任したときに勉強すればよいのですから。それよりも、子どもへの思いを共有できることの大きな意味を心より実感しました(3)」と神田氏は書いています。

保育者が保育や子どものことをしっかり勉強し、親に専門家として助言し援助をすることはもちろん大切なことですが、その根底には神田氏が述べているような、親と保育者が「子どもへの思いを共有する」ということをすえることが大切ではないでしょうか。親と保育者の「子どもへの思いの共有」があってこそ、専門的な助言や援助も生きてくると考えるのです。

そして、実は多くの親が求めていることも保育者と「子どもへの思いを共有すること」ではないかと思うのです。今の親は子育てに無関心と言われることがありますが、決してそうではありません。東社協保育士会保育研究部会の調査のなかで「保育者に言われてうれしかったことはどんなことですか」（自由記述）を聞いたところ、「子どものこと」（九百十六名中五百二十名）が、圧倒的に多かったのです。

具体的には、「優しくて思いやりがある」「感性が豊か」など子どものよさを伝えてくれたり、「小さなことでも、その努力や成長を認めてくれること」「子どもの情緒面、身体面の小さな成長や気づきを感じ、ポジティブに受けとめてくれて、『良かったですね』と共感してくれる時」「子どもの成長を一緒に喜んでくれる」など。多くの親が子どものことを大切に考えていることが伝わってきます。そして親たちは、保育者が子どもをていねいに見てくれていて、子どもの姿や成長を伝え、共感してくれることを多くの親はうれしいと感じているのです。「私たち以外の方々が子どもの成長を見守ってくれているのだとうれしく安心します」「子どものことを心からかわいいと思って接してくれるのが分かる言葉。愛情たっぷりの先生方には感謝です[4]」との言葉が端的に示しているように親と保育者が共に子どもの成長を見守り、子どもへの思いを共有できることに喜びを感じ、信頼を寄せているのではないでしょうか。親と保育者が「子どもへの思いを共有する」ということから、出発することの大切さがここに示されているように思います。

4　親の思いを理解することの難しさ

しかし、保育者が親の子どもへの思いを理解し、尊重していくことは簡単なことではありません。

ある研修で、子どもの虫さされへの保育園の対応の仕方が発端となり、役所へ苦情が行くまでの大きなトラブルになってしまったという話が出されました。虫にさされるとなかなか跡がひかないことを気にしていた母親が、網戸をつけるなどの対策をとってくれない園の対応に業を煮やして、役所への陳情まで発展してしまったというのです。話し合いのなかで、「『たかが虫さされ』という気持ちが保育者のなかにあったことが、問題をそこまで大きくしたのでは」と発言した若い保育者の言葉がとても印象に残りました。

たしかに今の親たちには、虫さされだけでなく、小さな傷などにもとても神経質になるという傾向がみられます。しかしこの母親にとってはとても心配なことでなんとか改善してほしいと思っていることもまた事実です。保育者はこうした親の思いに共感を寄せることができず、「今の親は神経質」「たかが虫さされで大騒ぎして……」という対応（口では言わないにしても）をして、母親を怒らせてしまったのではないでしょうか。

人間ですから一人ひとりの価値観や思いは違います。まして親と保育者という立場の違いがあります。このように異なる立場の異なる親の思いを理解し、親の思いを尊重するということは簡単ではありません。拙者『現代の子育て・母子関係と保育』（ひとなる書房）でも紹介しましたが、ギブスをしたY君を運動会に全面参加させたいとノートに書いてきた母親に対する東久留米のひばり保育園の保育者の実践は、このことを深く考えさせてくれるものです。

「幼稚園の運動会で一等だったことを支えに生きてきた」「母親だからこの子のために譲れない」という母親と保育者は話し合いを重ねてきました。結局、運動会の前日に母親の意向を受け入れ全面参加としたのです。このことを保育者は次のように記しています。

私などはかけっこはいつもびりのほうでしたから、Mさんのようなこだわり方はしないです。けれど、どこでこだわるかはその人の子育て観であり、それぞれ違って当然ではないでしょうか。園がMさんを受け入れたことで、母の自信が強まったとすれば、やはり良かったかなあと思います。

「参加させましょう」といわれたら、急に『もし転んだらどうしよう』とこれまで園が心配していたことをMさんも心配し始めました。人は自分が認められたと思えてはじめて、他者を認識しようとするということが、大人でも子どもでも、いつの場合でも同じだなと思わせられるのです。否定ばかりされると、たとえ真実だったとしても受けとれないのでしょう。(5)

保育者たちは簡単には共感しがたい、理解しがたい母親の申し出に対して、母親と話し合いを重ね、母親の気持ちに思いをめぐらせ、ていねいに理解しようとしています。そして、どうすることがその親や子どもにとって最もよいことなのか、保育者として判断しています。この場合、母親の申し出を受け入れていますが、形式的に親の主張を受け入れるか否かということが大切なのではなく、親の思いを深いところから理解し、どうすることが親や子にとって最もよいことであるかを保育者として判断していくことが重要ではないかと考えるのです。

5

「親を受け入れる」ことの理解をめぐって

「親を尊重する」ことと「親の要求を何でも受け入れる」ことの違い

最近は、カウンセリングなどの影響もあって、「親を受け入れる」「親を受容する」ことの大切さが強調されています。そして親の言うことは何でも「受け入れなければならない」という雰囲気が保育者のなかにも強くなっているように思います。

ある研修で次のような保育者の悩みが出されました。二歳で入園してきた子どもの母親から、「指しゃぶりをやめさせてほしい」「右ききに治してほしい」と強く言われたのです。そして、園としては「今は親を全面的に受容することが大切」ということで親の言う通りに保育をしようと努力してきました。しかし、指しゃぶりをやめさせようとすると泣いて、お昼寝がほとんどできなかったり、子どもとの関係もギクシャクしてきて、「うわべだけの保育になっている」と悩んでいるというのです。

親の思いを尊重する、親を「受け入れる」「受容する」とはどのようなことなのか、掘り下げて考えてみる必要がありそうです。この点に関して、カウンセリングを専門とする高垣忠一郎氏の「受容」についての指摘は非常に示唆的です。

高垣氏は「受容」とは、ものわかりよく、相手のいうがままになることではないと述べています。「受容」とは「相手のいうことをただ『ふんふん』と聞けばよいということではないし、相手の要求や行動を何でも受け入れるということでもありません。そうやって『受け容れて』相手を刺激しないで、ただなだめることを受容と勘違いしていることも少なくありません」と指摘しています。「相手に合わせて対立や対決を避ける『ものわかりのよさ』」「さわらぬ神にたたりなしということで見て見ぬふりをしたり、割れ物を扱うようにそっとしておくこと」「アメ玉を与えてご機嫌をとるような、相手を操る取引」ではない、「自分の心をどこかに棚上げし、自分の心を押し殺してとにかく何でも受け入れていけばいいというもの」でもないとくりかえし強調しています。

では「受容」とはどのようなことなのでしょうか。

高垣氏によれば「受容」とは「小手先の技術」ではなく「主体として尊重されているという手応えや安心感を相手に与える」こと、「相手を主体として尊重する」ことなのです。したがって、相手の言うことをただ「ハイハイ」と受け入れてやることで「自分の意図どおりに動かしてやろうという下心をもってかかわること」は「受容」とは全く違います。このような対応は「相手を動かす客体として扱っていること」に他ならないからです。そして、「相手を主体として認めるということは、自分も主体として相手と対峙する」[6]ことだというのです。

高垣氏が指摘する「受容」の理解の問題は、保育現場での子どもや親の対応にも当てはまるのではないでしょうか。「受容」という言葉を使うか否かは別として、「相手を主体として尊重する」

という氏の主張は、「親を尊重する」とはどういうことかを深めるうえでとても重要な指摘だと思います。そして、この指摘は、先に述べた「親の思いを深いところから理解し、どうすることが親や子にとって最もよいことであるかを保育者として判断していく」ということにも重なっているのではないかと考えます。その意味で、ひばり保育園の保育者たちは実践のなかで「受容」という言葉を用いなくとも、親とどう向き合い対応していったらよいかを模索するなかで、本当に「親を尊重する」とはどういうことなのかを実践のなかで深めてきたと言えるのではないでしょうか。

第三章　注

（1）清水住子「実家のような保育園を」『現代と保育』二一号、八一～八二頁、ひとなる書房、一九八九年
（2）古田靖子「他人を変える権利は誰にもないはず」『ちいさいなかま』一九九六年六月号、三七頁、草土文化
（3）神田英雄『〇歳から三歳～保育・子育てと発達研究をむすぶ』一〇七～一〇八頁、草土文化、一九九七年
（4）東社協保育士会保育研究部会「親の生活や仕事の実態と保育園への要望」に関する調査、一九九九年
（5）嶋さな江＋ひばり保育園『保育における人間関係発達論』二〇〇～二〇一頁、ひとなる書房、一九九八年
（6）高垣忠一郎『揺れる子どもの心と発達』一五九～一六〇頁、かもがわ出版、一九九八年、および『心の浮輪のさがし方～子ども再生の心理学』七一～八一頁、柏書房、一九九九年

第四章

親と保育者が一緒に子どもを見つめる

① 親が子どもの気持ちやかかわり方を発見する援助を

「うちの子は8の字を『マル、マル』と言うんです。おかしいのではないでしょうか」という相談を母親から受けたという話を聞いたことがあります。その子はちょうど、いろいろな物、形のなかから○を発見し、8の字の形のなかにも○を見つけて、母親に「マルがあったよ」と伝えたかったのではないでしょうか。しかし、その母親は8の字の正しい形を教えなければと思って、子どもが○を見つけた喜びに共感することができなかったのでしょう。

子どもの心を理解するためには、子どもの発達の道筋や段階を知ることも必要ですが、同時に子どもの立場にたって子どもの気持ち、思いをわかろうとすることが求められるでしょう。しかし、○歳なのに、男の子なのに、お姉ちゃんなのにどうしてこの子は……と外側からだけ子どもを見てしまうと子どもの気持ちがつかめなくなってしまうことがあります。「なぜできないの?」「なぜ、うるさくまとわりついてくるの?」と、激しい競争のなかで取り残される不安やあせり、時間的な余裕がなくイライラしている時、大人の側の思いから子どもを見てしまいがちです。子どもの心、子どもとのかかわりを親自身が発見していけるような保育者の援助が大切でしょう。

保育園に子どもを預けている母親の「お母さん、おてて」という投稿がありました。おおむね次のようなものです。

子どもを預けている保育園で親同士で作っているクラス新聞に担任の先生が園生活の思い出を綴った原稿を寄せてくれた。「登降園時の母とのさりげない会話が忘れられない」と結ばれた先生の原稿を読んだ帰り道、ふと足を止め、「おてて、つなごう」と娘にいったところ、娘はうれしそうに笑い、その日の出来事を楽しそうに話してくれた。

それまでの帰り道は、母と娘は一列に並び、時には「早く」と怒鳴り、娘は泣きべそをかきながら追いかけてくるといった具合。娘が手をつなごうとしないのは嫌いだからだと思っていた。しかしそうではなく、母親の歩くのがとても早く、あまりにも不機嫌だったからだと気づいた。その後、娘は「お母さん、おてて」と手を差し出してくれるようになった。時間に追われる生活の中で、ほんの少しスピードをゆるめ、子どもの歩調に合わせると、子どもはこんなにも穏やかになれるのだということを気づかせてくれた先生の思い出話でした[1]。

いつもイライラして子どもを追い立てているように見える母親であっても、手をつないで話をした時の子どものうれしそうな様子をきちんと受け止めています。いつもイライラして子どもを怒鳴りつけている「気になる」母親であっても、きっかけがあれば自分の行動をふりかえり変わっていけるということをこの投稿は示しています。

担任の先生も、親子のふれあいを大切にとの願いをこめて、原稿を書いたのかもしれません。しかし、少しも押しつけがましいところがなく、母親がふと手を差し出してみたくなるようなものだったのでしょう。もし、「登降園時には必ずお子さんと手をつなぎ、その日の出来事を話し合いながら帰りましょう」という文章であったら、多くの親はやらないか、やったとしても形だけのものとなってしまっていたかもしれません。

懇談会・保護者会、クラスだよりや日々の連絡帳、登降園時の会話などさまざまな形で、保育者の言葉や文章、親同士の会話のなかから、子どもの気持ちはこうなんだとか、こう接すると子どもはとても落ち着くなど子どもの姿やかかわり方を発見したり、子育ての楽しさ、子どもと接する喜びを広げていくことが、やはり大切なことだと思います。

2　子どもの姿や育ちの理解を共有することの困難

子ども同士のトラブルを中心に

しかし、今日、保育者が大切にしたい子どもの姿や成長についての理解を親と共有し、一緒に子どもを育てていくことが簡単ではない現状があることもたしかです。保育者が子どもの姿や成長を一生懸命伝えても「あっ、そうですか」という冷めた反応しか返って来なかったり、「子どもにケガはつきもの」「子どものケンカはお互い様」というかつての考え方が通用せず、ちょっとしたケガや子ども同士のトラブルでも親が怒鳴り込んでくるなどということもしばしばです。ここでは、最近、とくに深刻な問題として保育者を悩ませている子ども同士のトラブルを中心に、親の困難な現状を明らかにしながら、親と保育者が子どもの姿や育ちを考え合い、深め合っていくにはどうしたらよいのかを探っていきたいと思います。

親は自分の子どもの問題に直面して保育者との「食い違い」を感じる

親が保育者との間で、子どもの育ちをめぐってどのような「食い違い」が生ずるのか、先にも紹介した「保育者と親の食い違いに関する研究」をもとに明らかにしてみましょう。そこで注目すべき点は、親は、自分の子どもの問題に直面して、保育者（園）との食い違いを感じるということです。親が保育者（園）に感じた「食い違い」の内容を自由記述から検討したところ、子ども同士のトラブル、ケンカでのケガ、子どもが登園を嫌がった時、引っ込み思案で集団に入れないなど、子どもの問題が起こった時の保育者の対応から「食い違い」を感じるようになるという一つの傾向が明らかになったのです。しかも保育者の対応に対する親の不満、不信感はかなり強いものであることがわかりました。いつくか例を拾ってみましょう。

・親にとって真剣な悩みでも、相談した時に「遊びの中で起きたこと」「たいしたことではない」の答えがかえってきた。
・いじめが日常茶飯事と軽く見られがち、実際の子どもにとっては、非常に苦痛でストレスを感じている場合も多い。
・子どもが不登園の態度をし始めた時、親の気持ちと保育者の対応がズレていると非常に感じた。保育者の言葉は教育論でしかなく、現実問題としての解決にはならない。
・子どもが引っ込み思案で、教室でも一人でいるので親として心配。先生からはいつも〝大丈夫です〟の答えがかえってくる。先生にとっては大丈夫でも、子どもの心の中は大丈夫ではない。(2)

親と保育者のとらえ方では、深刻さの度合いにおいて大きな落差があることが読み取れます。子ども同士のトラブルを「いじめ」ととらえるということも含めて、子ども同士のトラブルに対する親の不安が高いことがわかります。

もちろん、行事や文字・数の教育などの保育内容、言葉で書かれた園の方針と実際の保育とのズレ、個々の保育者の保育の差などの食い違いをあげる親もいました。しかし、自分の子どもへの対応ほど強い表現のものは少なかったのです。園の保育方針や保育内容について、「食い違い」を感じる場合もありますが、自分の子どもの問題に直面した時に感じる「食い違い」のほうがより深刻なのです。通常、自分の子どもが園が大好きで元気よく通っていれば、園との多少の考え方の違いはそれほど気にならない、「まあ、よしとしよう」という親が多いのではないかと考えられます。しかし今は食い違いを感じていない親であっても、自分の子どもの問題に直面した時に、保育者（園）の対応によっては、「食い違い」を感じる親となる可能性はどの親にもあると言うことができるでしょう。

しかも、親と保育者のとらえ方では深刻さの度合いに大きなギャップがあります。「親にとって真剣な悩みでも、相談した時に『たいしたことではない』の答えがかえってきた」「いじめが日常茶飯事と軽く見られがち」「先生からはいつも〝大丈夫です〟の答えがかえってくる。先生にとっては大丈夫でも、子どもの心の中は大丈夫ではない」などの親の言葉が端的に示しているように、親は一刻も早く解決してほしいと思っています。他方、保育者にとって、登園を嫌がったり、集団に入りづらかったりすること、子ども同士のケンカやトラブルは珍しいことではありません。そして保育者は、これらの問題を成長のプロセスのなかで生じる問題ととらえ、成長を見通しながら対応していきます。

「『この年齢は噛んだりって多いんですよ』と発達の段階であるかのようにすり替えられたのが残念。先生たちの目の前で噛んでいても知らん顔。未だに先生たちの対応に腹がたつ。『いつものこと』ですませてほしくない」「『子どもにはトラブルが必要だから』と言われた。……先生自身は介入する気持ちがなくても、不快であると訴えている気持ちには理解を示し、『よく気をつけておきます』ぐらいは言ってほしかった[3]」という親の声は、親と保育者の思いのズレを表しています。親と保育者の感じ方にこのような落差があるなかで、解決に時間がかかった場合、解決できなかった場合には、大きな不信感につながる可能性があると言えましょう。

「仲よく遊べる子に」という親の思い

今日の「少子環境」のなかで、多くの親たちにとって「子ども同士の関係を豊かに」「友だちと遊べる子に育ってほしい」というのは切実な願いです。また、将来の学校でのいじめや不登校への不安もあり、「協調性・社会性をしっかり身につけさせたい」という願いを持つ親も多くいます。しかし、友だちと「仲よく遊べる子に」という親の願いが先走ると、「プロセスを無視して、仲よしごっこに追い込む[4]」ということになってしまうこともあります。
清水玲子氏は子ども同士のトラブルをめぐる次のような事例を紹介しています。

「ねえ、いま、AちゃんはBちゃんにごめんねってあやまったけど、Aちゃんの気持ちはほんとにそれでいいの？　って思わずAちゃんにせまってしまったの」

ある四歳児クラスの保育士さんが言いました。

夕方、お母さんがお迎えに来た時、ホールにいたAちゃんは、Bちゃんと何かのトラブルでけんかをして、ふたりとも泣いていました。Aちゃんは帰りのしたくでお母さんと自分の保育室に行きましたが、帰りぎわに涙を浮かべたままBちゃんのところに来て「ごめんね」と言ったのだそうです。

帰るにあたって和解しておくことをお母さんに言われたのかな、でも、トラブルは何も解決していない、とその保育士さんは思って、冒頭のように言わないではいられなかったということでした。

はたして、Aちゃんは、そう言われたとたん「ウワーン」とものすごく大きな声で泣きだしたのだそうです。お母さんはびっくりしていたようでしたが、その保育者が「そうだよね。Aちゃん、まだあやまりたくないよね」と重ねて言うと、Aちゃんは泣きながらこっくりうなずいたのでした。

Aちゃんは友だちとトラブルになるとすぐにあやまってしまうことが多いのだそうです。また、「ごめんね」と言われたら、すぐ「いいよ」と言うのです。

……担任からみると、ほんとうに自分で納得していなくても、とにかくあやまることがいいことなのだ（と大人が思っていると感じているのかもしれません）と思って、自分の気持ちをちゃんと友だちに伝えることができていないように思えて気になっていたのでした。

Aちゃんのお母さんは、親や先生の言うことをよく聞いて約束を守ること、きちんとあいさつや返事ができること、友だちと仲よくすること、などが大切と思ってある意味では厳しく育ててきたのです。Aちゃんは親のこうした要求に応えるように最大限の努力をしてきたのですが、それでも自分はできないとか嫌だとか思ったときには、Aちゃんは何も言えなくなり、黙り込んでしまうようになってしまいました。こうしたわが子の姿がお母さんには理解できず、わざと返事をしないことがあるように感じていたのですが、この日の様子を見て、自分たちの子育ての考え方は間違っていたかもしれないと、連絡帳に書いてきたのです。[5]

この事例に見られるような「友だちと仲よく」という思いから出たこのような親の対応とそのなかで育まれた子どもの姿は、決して珍しいものではありません。今日、いじめや学級崩壊など子どもの育ちへの不安、「子どもの育ちぶりを通して評価される母親たち[6]」のあせりは、一層、親たちがわが子に「友だちと仲よく」を性急に求める傾向を強めているのではないでしょうか。

「くやしかったらくやしいと、泣いてもいいからちゃんと訴えられることが大事。そして、相手と気持ちをぶつけあってみて、はじめて相手がどんなことを考え、どんな気持ちでいるのかがお互いに少しづつわかっていく……。そうした子ども同士のかかわりをていねいに保障していくことの大切さをあらためて考えさせるできごとでした[7]」という清水氏の言葉のように、子ども同士のかかわりを育むとはどのようなことなのかを、保育者の働きかけや子どもの姿を通じて、具体的に親と保育者、親同士が深めていくことが、これまで以上に重要な課題となっていると考えます。

子ども同士のトラブルと親同士の関係

同時に、子ども同士のトラブルが個々の親のとらえ方の問題というだけでなく、親同士の関係の問題となっていることを見る必要があります。

少し前ですが、新聞の家庭欄に「母親はまるで背後霊」という母親の投稿が載っていました。公園の砂場で子どもの後ろにまるで背後霊のようについていて、子どもが他の子をぶったりおもちゃを取ったりするたびに、「返しなさい」「なんで取るの」と怒っている母親たちのなかで、「いつから大人のルールを押しつけられるようになったか」と疑問に思いながらも、自分でも「なんで取るの」とつい怒鳴ってしまうというものです[8]。

子どもにも自分にも友だちが欲しいという気持ちは切実なのに、気を使い合う親同士の関係のなかで、子どもにはどのような関係を保障したいかを親同士が共有できず、母親がストレスを抱え、親子の関係にまで影響を与えている現状が浮かびあがってきます。

今日、保育園や幼稚園でかみつきや子ども同士のトラブルが親と保育者・園のトラブルになったり、親同士のトラブルに発展するということが多々あり、保育者を悩ませています。母親たちが「いじめている」子の母親を村八分にしたため、その親子は居づらくなって転園した、親同士が子どものトラブルをめぐって怒鳴り合うなど、深刻な対立に発展し、結局一方が転園して行ったなどの事例もあります。ここまで深刻な事態にならなくとも、子どものかみつきや「乱暴」から親同士が険悪になったり、「他のクラスに変えてほしい」と言われたりなど、子ども同士のトラブルをめぐって、親同士、大人同士の問題が生じているのです。

乳幼児期は親子の関係が密接ということもあり、子ども同士の関係と親同士の関係が密接に関連しています。親同士が仲がいいと子ども同士も一緒に過ごす機会が増え仲よくなっていきます。また、子ども同士が仲がいいと、お互いの家に遊びに行く、泊まりに行くなど、親同士も交流する機会が増え、親しくなることも多いのです。反対に「○○ちゃんがいじめる」など、子ども同士がケンカをしたり、トラブルが生じると、その子を敬遠したり、親同士も「あの子が乱暴なのは、あの親の育て方に問題がある」「自分の子どもが叩いたのにあの親はあやまらない」など険悪になってしまうこともあるのです。

そのうえ、先の投稿に見られるような気を使い合う人間関係が一層、問題を困難にしています。母親が本音を言えず一人悶々と悩んだり、そのストレスが子どもに向かってしまったり、爆発して親同士の大ゲンカになるということもあります。また、親のなかには、叩いた子は「悪い子」「謝るのが当然」というとらえ方をする親も多く、「謝らない」親子は「ひどい」親子と認識され、関係が悪化したり、一挙に攻撃の対象にされるということも生じているようです。

3 「子ども同士の関係」をめぐる親への対応

これまで述べてきたような親の現状があるなかで、「子ども同士のトラブル」にどのように対応し、「子ども同士の関係」を豊かに育んでいくために何が大切なのか考えていきたいと思います。

日常の保育のなかで

(1)日々のコミュニケーションの大切さ

当たり前のことですが、日頃の親と保育者との間のコミュニケーションがまず大切だと考えます。先の「保育者と親の食い違いに関する調査」から明らかにしたように、親は自分の子どもの問題に直面して、園・保育者との間に食い違いを感じ、時には深刻な対立へと発展していく可能性があります。同時に、この調査のなかから、親と保育者がお互いの考え方がわからない、知らないため「食い違い」があるかどうかわからないという場合があることが明らかになったのです。親と保育者の間で相互のコミュニケーションが少なく、お互いの考え方をよく知らないという状況もあるのです。こうした場合、子どもの問題に直面した親と保育者がお互いの考え方を知らず、相互理解のないまま問題を解決しなければならなくなるわけで、一層、困難であることは明らかです。そうだとすれば、やはり日頃のコミュニケーションが大切でしょう。

また親たちの間に、子ども同士のトラブルについての不正確な情報が広まり、親と保育者、親同士がぎくしゃくしたり、子ども同士のトラブルがもとで保育者が知らない間に親同士の深刻な対立が生じたということも多いように思います。保育者が間に入っても解決が困難な場合もありますが、保育者が早めに事態を把握し、親同士の関係を調整していれば、改善されたのではと思われる事例も見られます。親が深刻に悩まず気軽に相談できたり、保育者に「こんなことが起きているよ」と知らせてくれるように、親と保育者がコミュニケーションを取り合い、一緒に考え、解決していく関係を日頃から作っていくことが大切でしょう。

(2) 子どもの姿とその意味を親にていねいに伝え、考え合う

保育者は、子どもの姿やその意味、大切にしたい保育を以前にも増してより意識的に伝え、親

たちと共に子どもの成長について考え合っていくことが大切になっています。懇談会、クラスだよりなどを通じ、日頃から、子ども同士の関係をどう育んでいきたいと考えているのか、子ども同士のトラブルをどのようにとらえていくのか、子どもたちに今どんな姿が見られるのかを意識的にていねいに伝えていくことが求められます。

こぐま保育園の保育者、目黒ユキ子さんは、前年に担任をしたクラスで子ども同士のトラブルをめぐって、親との関係に難しさを感じ、より意識的に、子どものケンカの様子などを保育者がどのように見て、何を大切に保育していきたいと思っているかをおたよりでも伝えていこうと試みました。次に紹介するのは、子ども同士のケンカを取り上げた二歳児のおたより「ずんずんだより」（一九九六年七月十六日）です。「悲しい時はしっかり泣く！　そして泣きながらも、イヤダーと感じた自分の気持ちを相手に伝える（ことばで）力をつけていってほしいと思っています」の文章と共に子どものケンカの様子を書いています。

◎食事中の楽しい会話から、ついついケンカに

「Rちゃんね、ジジとババとママとライオンさんみにいったんだヨ！」

「ちいさいライオンはこわくないよネ」

「大きいライオンはこわいよオ〜〜」

「でもさ！　ちいさいライオンはかわいいヨ」

「だまって！！　大きいライオンは……」

「ちいさいライオンは……」

「うるしゃ〜〜い！」

「うるさくない！！」

◎仲間の中でそだつ心　けんかの中でそだつ心

Y君とSちゃんが「牧場セット」であそんでいました。たまたま一ケのお家の取り合いでケンカになり、Y君がSちゃんの手に持っていた他の物も取ってしまったのでSちゃんは泣いてしまいました。近くにいたMちゃんはそっとSちゃんの頭をなでてやったり、どうしたらいいのか保母の顔を見たりしています。Y君もSちゃんの泣く顔をみつめています。頃合いを見て保母が「どーしたの？」と言ってみました。だっこしてお話をしてくれるのを待ちましたが、今日はチョット時間をかけて泣いていたい気分なのでしょうか……「『Sちゃんのとらないでネ』って言えばY君、ちゃんと分かってくれるヨ」と伝え、「Sちゃん、言えるでしょう？」と聞くと（ウウン）と首を横に。Mちゃんが焦れったくなって、ビックリする程、しっかりした口調で「とらないでネッていってごらん！Sちゃん！」と迫るので、Mちゃんの迫力に保母も意外な一面を発見。Y君の方もSちゃんがその言葉を言えるのか、言えないのかじっと成りゆきをみていたのですが待ちきれなくなったのでしょうか？「とらないで！！」と言ってしまいました。そのとたん「はい」と答えてしまっているSちゃん……アレェ……コレデイインダッケ……。

保母が大笑いしているのを見て、みんなも笑っています。Sちゃんは「はい」と言ったものの、もう気分は立ち直っていました。けんかしながら心が育っていくのですね。

そしてこんなコメントを付けています。

今回、ご紹介したケンカの場面は、たまたまY君がとって、Sちゃんが泣いたのですが、相手が違ったり、立場が違ったりといろいろ!! 一三人の仲間達が毎日、にぎやかに生活しているという暖かい気持ちで読んで下さいね。又、感想もおよせください[9]!!

この事例のように、おたよりや保護者会・懇談会や連絡帳などで、子どもの姿やその意味、保育者が保育のなかで何を大切にし、保育していきたいと考えているのかをていねいに伝え、また親と考え合っていくことが今まで以上に求められているのではないかと考えます。そして、第一子の親が初めてかみつきを経験する不安や先輩の親たちの経験など、親同士でも率直に意見を出し合いながら、大人たちは子ども同士のトラブルをどう見て、何を大切に育んでいくのかを考え合う土壌を培っておくことが大切でしょう。

問題が起きた時の対応

次に、子ども同士のトラブルが起きた場合の保育者の対応について、かみつきを中心に取り上げながら、考えていきたいと思います。子どものトラブルを保育者が伝えた時、ショックを受け落ち込む親、許せないと怒る親、「あっ、そうですか？」と淡々としている親、かんだ側でも、子どもをきつく叱る親、相手に謝る親とその受け止め方はさまざまです。ですから、ここで述べることや紹介する事例と当てはまることもあれば、当てはまらないことも当然あるでしょう。目の前の子どもや親の状況をふまえながら、参考にしていただければと思います。

(1) かみつきは保育の問題

かみつきをめぐる親との対応を考える時、かみつきを保育の問題としてどうとらえるのかをおさえておく必要があります。かみつきはその子の性格や母子関係に起因するという考え方が保育者の間でもまだまだ根強く存在します。しかし、「保育所における集団保育そのものの側にかみつきを誘発する因子と責任が一層多くあること」を明らかにした研究があります。藤岡佐規子さんを中心とした北九州保母会が、一九九七年に市内百四園、九千五百三十四名の児童を対象として実施した組織的な調査で、かみつきが生じる月齢、発生時間、場所、動機などを調べています。[10]

その要点を紹介しましょう。

かみつきが発生する月齢では、十七ヵ月から二十六ヵ月にかみつきの最大ピークがあり、一週間という短期間の調査であったにもかかわらず、この月齢では在籍児のうち一一～一六％もの子どもにかみつきが見られたこと、四百七十二事例中百六件（二二・五％）と月曜日の発生が群を抜いて多いこと、発生時間では、十時から十一時過ぎの時間帯と午後にピークがあること（図1）を明らかにしています。藤岡らは、給食時間をはさんだ時間帯にピークが見られることに注目し、「保育者の目が届きにくい、場面転換が多い、子どもが一カ所に集まりやすい」などかみつきの温床とも言うべき状況が集中的に見られると指摘しています。また、午後のピークは、一九九二年の調査結果に比べ顕著に大きくなっており、保育時間の延長、在園時間の長い子どもの増加との関連を指摘しています。

さらに発生場所では屋内が発生の大半を占め、「他児が間近にいる過密な環境が大きな心理的負担になっていることを伺わせる」こと、発生場所は月齢とともに変化し、二十ヵ月前後の低年齢児では屋内の割合が多く全体

図1 かみつきの発生時間10分間隔の発生頻度（1992年度調査との比較）

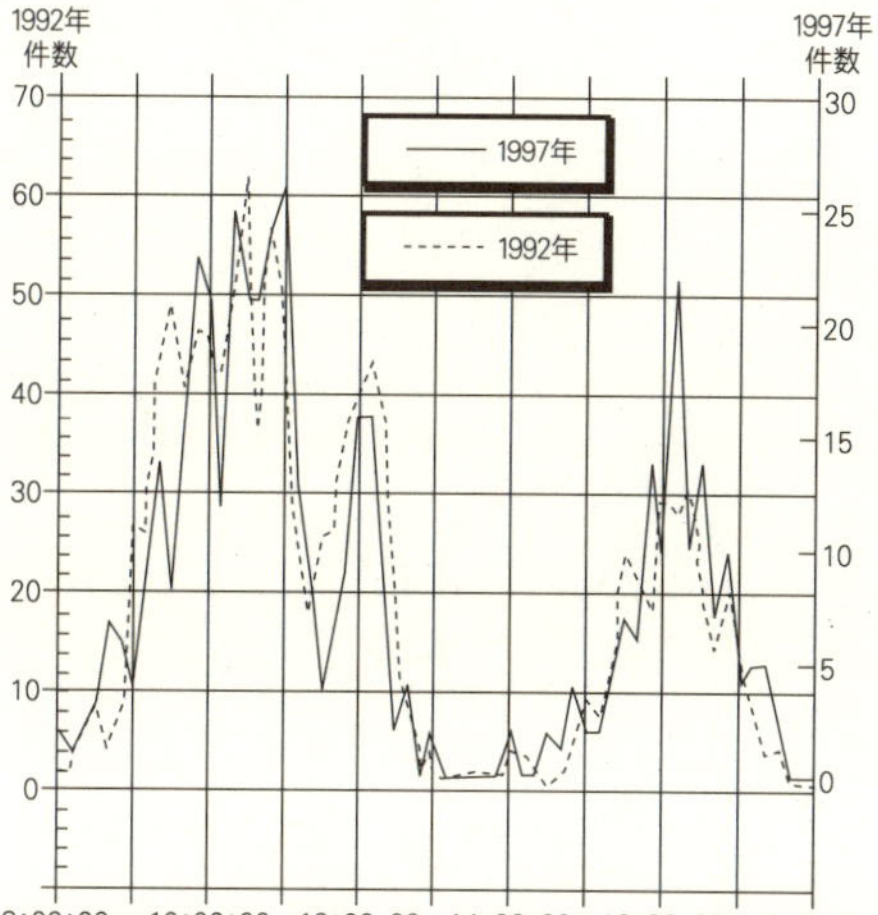

藤岡佐規子他「集団保育における低年齢児のかみつきについて」『保育と保健』（1998年）より

の九〇％近くを占めているのに対し、四十ヵ月を越えた子どもでは四〇％に減少しており、屋内外の生活時間の長短、かみつきそのものの動機や性格の違いに起因していることが考えられることを指摘しています。

こうした結果をふまえ、藤岡氏らは、「保育所にかみつきが頻発するのはこうした低年齢児の特性を十分把握しないまま、一律のプログラムのもとで、しかも過密な環境のなかで子どもを保育しようとするところに最大の原因があった」のであり、「責められるは、子どもでも、両親でもなく保育プログラム」ではないかと問題を提起しているのです。

このように、かみつきは子どもの性格や家庭の問題というより、子どもたちが集団で生活するなかで発生しやすい問題であり、保育のあり方と密接にかかわっているのです。ですから、かみつきを「保育の問題」としてとらえることが重要だと考えます。かみつきを保育の問題としてとらえ、改善していく努力をすること、園の責任であるという姿勢を持ち、親に対応することを前提とする必要があるということでしょう。

ただ、待機児対策ということで、定員を越えた受け入れや定数の見直しにより、乳児クラスの子どもの人数が増え、保育時間が長くなるなど、保育条件の低下が進行している現状があることも事実です。そのなかにあっては、保育者の努力だけでは解決できず、保育者の悩みは一層、深刻になっています。その意味で行政の責任も大きいと言えましょう。

(2)親の不安な気持ちを受け止める

かみつきへの対応で第一に大切なことは、親の不安な気持ちを理解し、受け止めることです。「うちの子は歯固めではありません！」と保育者に訴えた母親、「またかまれるのではと思うと、一日、仕事が手につきませんでした」と連絡帳に書いてきた母親。かみつきを初めて知ってびっくりする親もいます。かみつきを一般的な事柄として理解はしていても、自分の子どもが当事者になった場合、ショックを受けて落ち込んだり、怒ったり、なかなか冷静には受け止められないことが多いようです。

しかも保育園・幼稚園での子どもの同士のトラブルの場合、公園など、親の目の前で起こる子ども同士のトラブルと異なり、親は直接に見ているわけではありません。親はわが子の傷跡、幼児であれば「保育園、行きたくない」「○○ちゃんがいじめる」などの子どもの言葉、あるいは他の親や保育者との会話や連絡帳などから子どものトラブルを間接的な形で知ることになります。親は園で起きた子ども同士のトラブルを直接、見ていないだけに、不安が一層ふくらんでしまうことがあるのです。

また親は保育園でずっと子どもの側についてかみつかれないように、ケンカをしないように見張っているというわけにもいきません。園で生じた子ども同士のトラブルへの対応としては、親は保育者に託すか子どもに言って聞かせるしかないのです。その意味で、親の不安はますます大きくなる可能性があり、保育者はこうした親の不安をしっかりとらえて対応することが求められるでしょう。

先の「仕事が手につかない」と連絡帳に書いてきた母親に対して、担任の保育者は朝一時間ほど話し合いの時間をとったそうです。父親や祖父母など周囲からは「小さい子のことだから」と言われ、頭ではわかっているけれど、気持ちのうえでどうしようもない、どう防ごうとしているのか知りたいという母親の気持ちをていねいに聞きながら話をすると、最後には母親も「痛みをわかってくれました」と保育者に述べ、落ち着いていったというのです。すぐにかみつきがなくなり問題解決というわけにはいきませんが、早めに親身に対応しておくことでお互いの理解が深まり、問題がこじれたり、深刻にならずにすむこともあるのではないでしょうか。

(3)かみつきに対する保育者の努力や見通しを伝える

親との対応で大切なことの第二は、かみつきの事実を保育者がどうとらえ、かみつきに対して保育者がどのような努力をしているかということや今後の見通しをしっかり伝えることです。ただ事実を伝えられただけでは、親はどうしたらいいのか?　どうなるのか?　という不安を持つのは当然でしょう。

先に述べたように、かみつきを保育の問題としてとらえ、保育者がどのようにとらえ、対応しているかをていねいに伝えることが大切でしょう。トイレや手洗い、外あそびから室内に入る時などにかみつきが多く発生することから、かみつきの多い子どもを最後にして保育者が側につく、遅番の保育者へ引きつぐ際にもかみつきの多い子、かまれやすい子への対応を伝える、落ち着いた雰囲気のなかではかみつきが減少することから、グループを小さく分けたり、高月齢の子を低月齢のグループで引き受けて一緒に保育をするなど、さまざまな工夫をしている保育者がたくさんいます。

かみつきの事実を親に伝える時には、ただかみつきの状況を伝え、「園の責任です」と言うだけでなく、こうした保育者の対応、工夫の一端を具体的に伝えたり、時には「少しずつ減っていく方向に向かっています」など今後の見通しを伝えることで、親の不安も軽減していくのではないでしょうか。もちろん、すぐにかみつきが解決するわけではありませんが、どのようにかみつきに対応しているかという保育者の真摯な姿勢が親に伝わり、この保育者はわが子を大事にしてくれているという安心感を親が持てるようになることが、保育者への信頼につながっていくと考えます。

ただその際、自己主張や他の友だちへの関心が生まれてきて、まだ言葉で自分の思いが伝えられなかったり、友だちと上手にかかわることができないという発達の過程でかみつきが生じることをおさえて、親にも伝えておく必要があると考えます。かみつきさえなくなればと（そのこと自体、困難なことだと思いますが）、かみつきの激しい子を友だちから引き離したり、いつも監視するようにその子に保育者がついているということでは、保育そのものを歪めてしまう危険性があるのではないでしょうか。子ども同士のかみつきは基本的には友だち同士のトラブルと同じで、トラブルさえ起こさなければよい、解決ということではないと考えるからです。

(4)かんだ子、かまれた子、お互いの気持ちを親に伝え、理解を深める

親との対応で大切なことの第三は、その時の状況、かんだ子、かまれた子、それぞれの子どもの気持ちを保育者が代弁して伝え、自分の子どもだけでなくお互いの子どものことを親にわかってもらえるように伝えていくことです。

かみつきをめぐる保育者の悩みとして、かみつかれた子の親が、誰にかまれたか相手を教えてほしいと言われるということがあります。親は子どものトラブルを直接、見ていないのですから、「何があったのかを知りたい」というのは率直な親の気持ちであり、親から事実を「隠している」と不信感を持たれないようにすることが大切でしょう。

一方、かんだ子どもの親にかみつきの事実を伝えた場合、なんでうちの子はかむのかと悩み、落ち込んでしまう親も少なくありません。かみつきを伝えた翌日、保育園で母親が一歳のわが子に「ホラ、謝りなさい、ごめんなさいしなさい」と何度も迫ったり、かむ子の親という立場になったことにショックを受け、「これまでの対応を変え、厳しくします。かんだら厳しく叱って下さい」と言いだす母親もいます。

ある保育者は次のような事例を話してくれました。お迎えに来た祖母が、孫がかまれたことに動揺して、「かわいそう。一言、わびが欲しい」と言っているのを耳にして、早めに対応したほ

うがいいと判断した保育者は祖母と話し合いをしました。そのなかで、保育者の努力や見通しを伝えました。その後、しばらくして、祖母は保育者に「こういうことでかまれてしまうのですねえ」と言ったというのです。その女児は体型も大きく、目立つ存在であり、保育者のような口調で他の子に「ダメーッ」と言ったりすることが、他児からかまれる理由となっていることを祖母なりに理解したのです。

この事例のように、親たちが子どもの問題に直面し、保育者にその思いをぶつけてくることは、決してマイナスばかりではありません。保育者の適切な働きかけがあれば、子どもやクラスの他の子どもたちの理解を深めていくきっかけにもなるのです。

(5) 親同士の関係を調整し、作っていく

親との対応で大切なことの第四は、個々の親に対応するだけでなく、親同士の関係を調整し、つなげていくことです。先に、子ども同士のトラブルが親同士の関係を険悪にしたり、深刻な対立を生む場合があることを明らかにしてきました。しかし、まだ小さな子どものことですから、ケンカをしたり「大嫌い」と言っていた子が大好きな友だちになるということも十分にありえます。子ども同士のトラブルによって、親同士が敬遠したり、あの子と遊ばないようにと親が子どもの友だち関係を制限したりすると、子どもはトラブルを経験しながら、友だち関係を自由に広げていくことができません。

したがって、かみつきや子ども同士のトラブルについて、個々の親に対応するだけでなく、親同士の関係を調整し、つなげていくことも視野にいれて対応することが必要になってきます。かんだ子の親に対して、「相手の親御さんとは同じ園の親同士としてこれからもおつきあいをすることになるのだから、ちょっと一言、声をかけておくと、その後がいいわよ」と助言をしたり、送迎の時間に少し時間を取り、保育者がかんだ子の親とかまれた子の親を仲介して引き合わせて、直接親同士が言葉を交わす機会を設定するなどの配慮をしている保育者がいますが、大切なことだと思います。

ある幼稚園では、三歳児クラスで「あの子、乱暴なんだって」「嫌ね」という話が親の間に広がっていることを把握した保育者が親たちを集めて話し合いを持ちました。話し合いでは、いじめられている子の親から「乱暴」な子の親に対して「あなたの育て方が悪い」という意見が出されました。しかし、兄弟を育てている親から「同じように育てていても、同じには育たない」という意見が出され、親同士の理解が少し深まっていったそうです。個別の対応だけでなく、場合によってはこのように懇談会などを持つことも意味があるでしょう。ただ、懇談会で「かんだ子の親はあやまるべき」「かみつきはお互い様」など、一人の親の強い主張に他の親が圧倒されて意見を言えない雰囲気になってしまったり、特定の意見が主流を占めて、少数派の意見が出しにくくなってしまう場合もあるようです。懇談会、保護者会ではこうした危険性もあることをふまえ、話し合いの内容、方向性の見通しを含めて、判断する必要があるでしょう。

子どもが経験を積み重ねながら相手の気持ちを少しずつわかり、かかわりを育んで成長していくように、大人同士の関係も一つひとつのトラブルについて、話し合いを積み重ねるなかで、少しずつ子どもの育ちの理解を深め、子どもたちの育ちを見守る親同士の関係を育んでいくことができるのです。親と保育者、親同士の関係がぎくしゃくすることは、保育者としてとても辛いことですが、トラブルを必要以上に恐れず、親と保育者、親同士の関係を作り、子どもの育ちについての理解を深めるきっかけとしていくことが大切だと考えます。

第四章　注

（1）「お母さん、おてて」、朝日新聞、一九九八年十月十五日
（2）鈴木佐喜子他「保育者と親の食い違いに関する研究〜保育、子育ての問題を中心に」『保育学研究』第三七巻第二号、七七〜七九頁、日本保育学会、一九九九年十二月
（3）清水玲子・鈴木佐喜子『今の子育てから保育を考える』一七四頁、草土文化、二〇〇三年
（4）片岡洋子「八〇年代子育て環境の変容と思春期問題」、田中孝彦・高垣忠一郎編集代表『中学生をわかりたい』一八二〜一八三頁、大月書店、一九九九年
（5）清水玲子・鈴木佐喜子、前掲書、一七五頁〜一七六頁
（6）片岡洋子、前揚論文、一八二〜一八三頁
（7）清水玲子・鈴木佐喜子、前掲書、一七六頁
（8）「母親はまるで背後霊」、朝日新聞、一九九五年十二月二十三日
（9）一九九八年乳幼児の生活と教育研究会夏の研究集会資料、目黒ユキ子「二歳児保育で大切にしたいこと」より、「ずんずんだより」一三号、こぐま保育園ズンズン組、一九九六年七月十六日。なお、ここで引用した実践は年齢別クラス（二歳児）のものですが、こぐま保育園では九七年十一月以降、異年齢・きょうだいグループ保育に取り組んでいます。
（10）藤岡佐規子他「集団保育における低年齢児のかみつきについて」『保育と保健』第四巻第一号、三四〜三八頁、日本保育園保健協議会、一九九八年七月

第五章

「保育園がどこまでやればいい？」を考える

①「保育園がどこまでやればいい？」という保育者の葛藤

今、保育者が一番、戸惑い、悩んでいるのが「保育園がどこまでやればいいの？」ということではないでしょうか。「子育て支援」が叫ばれ、「何でも受け入れなければ」と言われることも多いなか、「それでいいのか？」「保育園がどこまでやればいいのか？」という疑問はぬぐえません。仕事が休みでも「子どもを預かって」と言う親、登園が遅く昼近くにやってくる、ロッカーの着替えが空のまま、朝食を食べてこない、風呂に入れてもらえず汚れた衣服のままで登園など、「本来、家庭でするべき」ことがきちんとできていない現状に、「保育園がどこまでやればいいの？」と戸惑いや葛藤を感じている保育者も少なくありません。親が起きられず登園が遅くなったり、ズルズルと子どもを休ませてしまう家庭に、保育者が子どもを迎えにいくなど、「従来の発想での家庭支援では足りなくなっている所まで、事態が進んでいる」[1]ことも、「どこまでやればいいの？」という保育者の疑問、葛藤を一層深くしているように思います。この問題をどう考えればいいのでしょう。

②「家庭が本来やるべきこと」は？

いづみ保育園の元園長清水住子さんは次のように言っています。

家庭でできないことがあって園でカバーできることは、してあたりまえ、逆に園で不十分なことは家庭でカバーしてもらうと、どちらがやるのが正しいとか責任とかいうふうには考えません。

たとえば、よく園で問題になりますけど、爪を切るのはだれなのかということも、家で切ってこなければ園で切ればいいし、パンツのゴムが切れてズルズルしている子がいれば園で入れてあげればいい。子どもの世話ということでいえば、大人である保育者と親たちが協力しあって、お互いにカバーしあえばそんなに怒ることもないでしょう。手をつながなければならない親と保育者なのに、これはだれの責任で、というようなことの追求ですきま風がはいるようなことはできるだけ避けたほうがいいと思うのです。

清水さんは親と保育者の関係を「子どもをはさんでその両側に親と保育者がいるというイメージではなくて、子どもがいて、親と保育者が横並びで子どもに向き合う形が共育てということではないか(2)」と述べています。このように子どもの世話、養育をこれは親の責任、これは園の責任ときっちり分けて分担し合うということでなく、子どもの育ちや生活に必要なことを大人として、それぞれがやれること、やれないことを補い合いながら親と保育者が一緒にやっていくということなのだと思うのです。

これは親の責任、これは園の責任という形で考えると、「本来家庭でやるべきことなのに、なんでこんなことまでも保育者がやらなければならないのか」と親に腹が立ち、親と保育者の関係がぎくしゃくしてくるでしょう。園や保育者の条件でできないこともあるでしょうが、親と保育者がそれぞれの現状のなかでどうしたらいいか、何ができるか、知恵を出し合い、協力していくことはできるでしょう。清水さんが言うように園と家庭が補い合ってやっていくと考えるかどうかで、親との関係では、決定的な違いとなると思われます。

③「どこまで」から「どのように」へ

「親の要求をどこまで聞いたらいいか？」を考えるうえで、たくさんの要求を出してくる一歳児と格闘し、模索した保育者山口奈々さんの実践「子どもの要求、どこまできいたらいい？」は、とても参考になります。

次々と出される子どもたちの要求への対応に困りはて、「もういいよ。やりたいようにやれば？」と半ばあきらめのような気持ちで、要求をとりあえず受け入れてみることにしたのです。ところが、意外なことに、子どもたちはやりたいほうだい、わがままほうだいになりませんでした。

まず変化があったのは食事の場面。「パンのおかわり？　うんいいよ。じゃあパンを食べたらお野菜も食べてね」とおかわりをあげると、ほしかったパンがもらえた子どもは、スッキリしてパンのおかわりを食べおわり、一度は机にたたきつけて拒否したはずの野菜をすんなり食べてしまったのです。食事用補助机の上にデザートをみつけると、それをもらえるまではヘソを曲げてなかなか食事がすすまなかった子も、大好きなデザートの果物をいちばん最初に食べてしまうと、安心したように食事に向かっていました。

こんな子どもたちの姿から、「お部屋に入りたくない」という子には「みんな先に入っているから少しあそんだら迎えにいくね」など、一歩譲った声かけをしていきました。

「保母側の『こうしてほしい（たとえば、何でもモリモリ食べられる子になってほしい）』という思いにたいし、子どもの要求（たとえば、お野菜いらない、パンのおかわりちょうだい）がぶつかったとき、いつか野菜を食べられる子になる、ということを見とおして『おかわり？　いいよ、パン食べたらお野菜もたべようね』と声かけすると、子どもたちは一度自分の要求が受け入れられるので、すっきりしてつぎの『あとで野菜も食べようね』という保母側の要求も受け入れられるようになる」ということです。このように保育者が一歩譲って子どもが「自分で食べる」「自分で起きる」「自分で部屋に入る」のを待つことは、「主体的に生活することの第一歩」だと感じたそうです。

「子どもたちのたくさんの要求があるけれど、〝これをすべて受け入れてしまっていいのだろうか？〟〝保母側がこれだけは守りたい〟という境界線はあるだろうか？　と模索しながらやってきましたが、〝どこまで受け入れたらいいのか〟ということから〝どのように受け入れてあげるべきなのか〟ということがたいせつなのだ[3]」と山口さんは書いています。

相手が子どもであっても親であっても「どこまで？」というのは保育者の共通の疑問、悩みであるようです。こうした時、「〝どこまで受け入れたらいいのか〟ということから〝どのように受け入れてあげるべきなのか〟ということがたいせつ」という山口さんの視点は、乳児の保育だけでなく、親への対応にも通じることではないか思うのです。

清水玲子氏は、論文「どこまで甘えさせていいの?」のなかで、この実践を紹介しながら「そのつど、子どもの気持ちを考えつつ、実現できることとできないことについて正面から悩んで対応する大人も、子どもにとっては必要な存在」であり、さまざまな状況のなかで子どもが送ってくるサインをキャッチしつつ「お互いにわかりあって、解決の道をみいだしていく過程が保育そのものなんだという実感が……山口さんの『どこまで』から『どのように』へということばになったのだと思うのです[4]」と書いています。

親と子どもでは年齢は違いますから、わかり方や対応に異なる部分はありますが、親であっても、この事例と同じように親の気持ちを考えながら、実現できることとできないことについて正面から受けとめて悩みながらでも対応すること、親と保育者がお互いにわかり合って解決の道を見いだしていく過程が保育そのもの、保育の基本だと言うことができるのではないでしょうか。

「どこまで受け入れるか」という考え方には、相手の状況がどうであれ、「ここまでは受け入れる」が「ここからは受け入れない」と、自分と相手の間に一線を画したり、一律に対応しようとする発想があるように思えるのです。こうした発想に立つことで、「ここまで」という基準が前面に出て、相手をわかろうとする保育者の姿勢が後方にしりぞいてしまう恐れがあるように思います。

相手を本当にわかろうとし、目の前の問題をなんとかしたいと願いつつ、解決策を一生懸命探っていく、その過程のなかで、何をしたらいいのかが見えてきて、「どこまで受け入れるか」「どこまで受け入れるべきか」ということはそれほど重要な問題にならなくなってくるのではないでしょうか。それが「どこまで受け入れるか」から「どのように受け入れるか」への視点の転換でもあると思うのです。

4　対話のなかで解決策を探る

「どのように受け入れるか」ということを、朝の登園時間が遅くなってしまうという問題を例にもう少し具体的に考えてみましょう。

ある研究会で保育者から、登園が遅い子どもの悩みが出され、話し合ったことがあります。

四歳児クラスのAちゃんは登園が遅く、昼近くになってしまうことも稀ではありません。親に働きかけても、親も仕事が遅くまであり、なかなか改善されません。しかも、Aちゃんは活動への取り組みに時間がかかり、他の子どもたちとの力の差がどんどん開いていってしまうので、保育者としてなんとかしたいと悩む日々を送っています。午後に活動をもってくるなど日課を見直して、Aちゃんがじっくり活動にとりくめる時間を保障できればとも思うのですが、今の職員体制では簡単にはできません。どうしたらいいだろうかというものでした。

この保育者は、子どものことを真剣に考えるからこそ悩んでいるのです。ただ親を受け入れることだけを考え、それでよしとしていれば悩まないかもしれません。しかしそれでは、Aちゃんにとって大切だと思われる活動を保障することができませんし、Aちゃんの育ちも保障されないままに放置されてしまうかもしれません。親のニーズに応えることばかりが強調され、保育の条件が厳しくなっているなかでは、子どもが置き去りにされ、子どもの安心できる生活や豊かな育ちを十分に保障することができなくなってしまう危険性があると言えましょう。

その会に出席していた東京の夜間保育園、しいの実保育園元園長小松ゆりさんの発言はとても示唆に富むものでした。小松さんは夜間保育園における経験のなかで同じような問題に直面した時、毎日の保育の課題を整理し、「○○ちゃんに是非、この活動を経験させたいので、この日だけは早くきてね」と親に話をしたという事例を紹介してくれました。そして、「毎日は無理でも、その日一日だったら、親はがんばって来れる、親に何を伝えたら伝わるか、親に何ができて何ができないか、今の保育の現状のなかで何ができるか、柔軟な頭で考え、工夫することが求められているのではないか」と発言したのでした。

おひさま保育園の保育者、福井茂さんも遅い登園への取り組みの事例を別の研究会で次のように発言しています。

一歳児クラスのBちゃんは、おしゃべりで活発な子どもですが、最近朝の別れがスムーズでなく、泣いてしまうことが多い。なぜ？　と考えていくと、両親とも看護師であるBちゃんは夜勤明けに登園が遅くなることが多いのです。ちょうど朝のおやつを始めようと子どもたちがテーブルについているなかに入っていくので、Bちゃんなりに入りづらい雰囲気を感じて泣いてしまうように保育者には思われました。そこで、母親と話をして「朝十分だけ早く園に来れないだろうか。一遊びすることで、スムーズに入っていけるのでは」と提案してみた。母親もこのことに悩んでいたこともあって、次の日から少し早く園に来てくれるようになり、本当にスキッと一日のスタートが切れるようになったのです[5]。

「親の労働が厳しいことを知れば、無茶な要求を親に出すことはできない。親との対話のなかで、現実の姿から、親と保育者の『おりあい』を見つけていくことが大切」と言う福井さんの発言が印象的でした。

どちらの事例でも保育者が子どものことも親のことも考え、そのなかでできることを探っています。親の現状をきちんとおさえながら、そのなかで親が何ができ、何ができないかを考えています。そして親ができそうなこと、やってみようと思えることを提案しています。また小松さんは自分の保育の現状のなかで、保育者としてその子に対して何ができるかを整理し、工夫することの大切さを提起しています。こうした保育者の取り組み、対応こそ最も求められていることではないかと考えます。

ここでは、親にできそうなこと、「おりあい」を見つけて親に提案しています。しかし、「親」と一言で言っても、置かれている状況も抱えている問題も性格もさまざまです。親にちょっと助言をすれば簡単に問題が解決するケース、将来を見通しながら今は全面的に親を援助することが必要なケースもあります。だからこそ、「どこまで」ではなく、「どのように」と、相手である親の状況や気持ちを理解し、お互いにわかり合いながら親と保育者が子どものよりよい育ちのために、解決の道を探していくことが大切なのだと考えます。

たしかに今、親の生活や労働がより一層厳しくなるなかで、これまで考えられていた家庭への支援では足りず、その範囲を越えた支援に踏み出す取り組みも出されてきています。朝、子どもを家庭に迎えにいったり、降園後、子どもだけを残して親が出かけてしまう家庭に子どもの様子を見にいったり、親のお迎えが大幅に遅くなった子どもを自分の家に連れ帰って夕食を食べさせるなどの取り組みがあちこちで聞かれます。

神田英雄氏は、子どもの衣服が汚れて臭うために、他の子から嫌われはじめたことに心を痛めた保育者が、子どもの持ち物の整備も洗濯もできない母子世帯に休日に出かけていって家庭内の整理を行なう、親が起きられずズルズルと子どもを休ませてしまう家庭に、主任保育者が毎朝、朝食を持って出かけ、子どもを園に連れてくるという事例を紹介したうえで、次のように述べています。

ここで話題にしたいのは、家庭の整理まで保育者がすべきか、送迎をすべきかという問題ではありません。子どもの保育を保障することと、保育の中での発達を保障することとをすべての出発点とし、そのために何が必要とされているのかを出し合うことから、まずは議論を開始すべきではないかということです。そのうえで、園がどこまでやれるのか、足りない部分は誰がどう担うのかを話し合っていくことが必要なのではないかと考えます(6)。

つまり、神田氏が主張している基本的な道筋も、送迎をやるべきかという問題から出発するのではなく、今、目の前の子どもの育ちを保障するために何が必要なのかを明らかにし、そのなかで、園のやれること、やれないところはどのようにカバーするのかを考え合うということです。

ある保育者は、親が朝起きられず、登園が遅くなってしまう家庭に子どもを迎えにいっていましたが、途中でとてもしんどくなってしまったと言います。いつか親が自分で送迎をするように変わってくれるのではないかという期待があったのですが、親に変化が見られなかったからです。その時、この保育者は、子どものためにやろうと決意し始めたことだと考え直し、結局、卒園まで迎えにいくことを続けたのです。親もその後、朝、時々は子どもを保育園に連れてくるようになり、保育園に感謝して卒園していったそうです。

また神田氏は、保育者の全員が「必要な人に必要なこと」を保障しようという姿勢で一致し、主体的に保育者側の発案で送迎に取り組んでいる場合には、保育者ははつらつとしていますが、保育者の意識が後ろ向きであれば、疲労感が増してしまうと指摘しています。一方、親の側の受けとめ方も、感謝されることもあれば、ありがた迷惑と受け取られることもあるなどさまざまでしょう。保育のなかでの子どもの発達の保障をすべての出発点に、何が必要とされているかを出し合うという神田氏の主張は、これまで筆者が述べてきた主張と重なるように思います。

第五章　注

（1）神田英雄「『保育の難しい子ども』を理解する視点～基本的な視点と三つの課題領域」、保育研究所編『子どもの「変化」と保育実践』九六頁、草土文化、二〇〇三年

（2）清水住子「実家のような保育園を」『現代と保育』二一号、八五～八六頁、ひとなる書房、一九八九年

（3）山口奈々「子どもの要求、どこまできいたらいい？」『現代と保育』三二号、一九五頁、ひとなる書房、一九九三年

（4）清水玲子「はじめての乳児保育・どこまで甘えさせていいの？」『ちいさいなかま』二〇〇〇年一月号、八〇頁、草土文化

（5）おひさま保育園・福井茂「保護者と共につくる保育をめざして」、および二〇〇二年第二五回乳幼児の生活と教育研究会夏の研究集会発言より

（6）神田英雄、前掲論文

第六章

親への対応と職員集団・研修

①「共に悩む関係」の大切さ

これまで述べてきたように、多くの保育者が親との対応で悩んでいます。心を開いてくれない親、さまざまなことを要求してくる親、精神を病んでいる親など対応の難しい親の問題、苦情が役所にいってしまう、子ども同士のケンカで親同士がトラブルになってしまうなど、親と保育者の間でのトラブルや親同士のトラブルでの悩み……、と本当に、保育者の悩みはつきません。親が変化し、求められる保育園の役割も変わってくるなかで、一人ひとりの保育者もまた変わることを求められていると言えましょう。しかし、人間は簡単に変わることはできません。だからこそ、多くの保育者が悩んでいるとも言えましょう。悩むことはとても辛いことですが、親との対応を深め、保育者として大きく成長していく鍵も悩むことのなかにあるのではないでしょうか。

大宮勇雄氏は諸外国の研究をもとに、多様な人々が集う保育園においては、保育者はそれぞれの要求・権利にどのように応えるかという「倫理的ジレンマ（板ばさみ）」を抱えることになると指摘し、次のような事例を紹介しています。

四歳の男児ティモシーの母親から担任の保育者キムに昼寝をさせないように要望が出されました。仕事にいくために朝五時には起きなくてはならない母親は、息子が夜十時過ぎまで起きているため、十分な睡眠がとれないというのです。

この事例のように、家族の生活と就労の実態から生まれた母親のニーズと、子どもの健康な生活と良好な人間関係への権利、他の子どもたちの睡眠の要求など、容易には両立しがたいさまざまな要求に対して、どう対応していくのかという悩み、葛藤を「倫理的ジレンマ」と呼んでいます。

この「倫理的ジレンマ」に対処するためには、マニュアルは通用しません。保育者は個人の感情・主観によるのではなく、専門家集団の一員として自ら納得できる判断を下さなければなりません。「それぞれの要求・権利にどのように応えるかを判断する倫理的、道徳的な判断力と責任意識が求められる」のです。この「倫理的ジレンマ」に対処する責任能力、言いかえれば「実践の中で悩み続ける力、これが保育者の専門性の中心点になるものであり、それを欠いては保育の質を保つことはできない」と大宮氏は指摘しています[1]。

「倫理的ジレンマ」は親と子の間の問題にだけ生じるものではありません。しかし、今、多くの保育者が親との関係で悩み、「親の保育要求に応える」「親を援助する」ことと「子どもの育ちを保障すること」の間の矛盾に揺れ動き、葛藤していることは、まさに「倫理的ジレンマ」に他なりません。日本の保育者が悩んでいることがらは、日本の保育に固有なことなのではなく、保育という営みの本質にかかわる問題であることがわかります。そして、「親の保育要求に応える」「親を援助すること」と「子どもの育ちを保障すること」をいかに調整し、対処していくのかというジレンマに対して、悩み、葛藤しながら、模索を続けることが保育者の専門性であるのだと思います。

カウンセリングを専門とする高垣忠一郎氏は、「カウンセリングは苦しみを取り去ることが仕事ではない。むしろ安心して苦しみ悩むことができるように援助することがカウンセリングの大切な仕事だ」と述べています。「なぜならば苦しみはその人の成長や自己実現に向けての葛藤のメッセージであり、それにまともに向き合い、耳を傾けることによってその人の可能性が聞こえてくるから[2]」です。保育者が悩むということは、「今のままではよくない」「なんとかしたい」と思っているからでしょう。それは、解決しなければならない問題に直面した悩みであり、保育者として成長していくための葛藤、模索でもあると言うことができましょう。

しかし、保育者も人間です。一人だけで悩んでいると追い詰められたり、疲れてしまうこともあります。親との対応が難しいから、しんどいからこそ、グチを聞いて助言してくれたり、励まし支えてくれる仲間が必要なのだと思います。

高垣氏は、さらに「いま私たちは苦しみを共有し、共に悩む関係をどれほど持てているでしょうか。人生経験の豊かなおとなでも、苦しみとまともに向き合い、心にそれを抱え込んで悩みながら解決を目指すことは相当にしんどい仕事です。誰か苦しみを共有し、共に悩んでくれる人がそばにいてはじめてそれが可能になることも少なくありません」、「今日、カウンセリングがこれほど多くの人々に必要になっているひとつの背景は、苦しみを共有し、共に悩む関係が私たちの周囲から失われてきていることにある(3)」と指摘しています。

安心して悩むことができるように、苦しみを共有し「共に悩む関係」を築いていくことが大切であるという高垣氏の主張は、保育者の成長を保障する職員集団づくりにおいても大切なことだと思えるのです。

2 親との対応で悩みを抱えた保育者の軌跡

必死で子育てする親の姿が見えてきた

子どもについての保育論議と同様に、親についても保育者や職員の間で話し合うことが大切です。そのことで、さまざまな角度からその姿やその背景がとらえられたり、親との対応を見直したりすることができるからです。

福岡県大牟田市高取保育園の前田恵子さんは、親との対応で悩みながらも、模索するなかで、親との対応を深めていった保育者の一人です。その背後には、園全体での研修や職員同士の話し合いがありました。前田さんの実践から、親の見方や対応をどのように深めていったのか、またそれを支え深めた園での研修や職員同士の論議を紹介したいと思います。

大牟田市は三井三池炭鉱の閉山に伴う失業や就職難、離婚などによる保護家庭が多い地域です。緊急性を伴う入園も増えており、園では、〝子どもを守り育てる〟立場で、保護者の気持ちに心を寄せ、基本的には何事も受け入れる姿勢を大切に保育をしてきたと言います。

前田さんが九年ぶりにゼロ歳児クラスの担任となった時、保護者との対応に戸惑い悩みました。夜型の生活、朝食は作らない、着替えが毎日足りない……と驚きの連続。些細なことだけど、「家庭に生活がないというか、生活の仕方を知らないのではないかと思うことが多々あり」「子どもの心と体のひ弱さという現実に直面し、葛藤しました」。

十一ヵ月で入園してきたK君は、夜寝るのが一時、二時。夜泣きが激しく、家族が交代であやし続け、大人は皆、疲労困憊。母親は出産後二〇キロも体重が減ってしまいました。食事も家庭では時間を決めずに立ったまま追いかけて好きなものだけをほんの少し食べさせるという状況でした。そんなK君は体力がなく、高熱や中耳炎の悪化で頻繁に欠席し、園での生活の積み重ねが難しい状態が続きました。前田さんは、K君の睡眠を保障したいとK君をお腹の上に乗せて体をさすったり、抱っこしたりと奮闘し、二ヵ月後には布団でお昼寝ができるようになりました。食事もスープ、ご飯と少しずつ食べられるようになっていきました。そして、水あそびの時に声を出し始め、やがて横の子を見てあそびが広がっていきました。「夏の水がK君を変え」、一歳の頃には活き活きとした子どもへと変化していったのです[4]。

　起きたばかりで保育園に連れてくる、ロッカーのパンツや着替えは不足しがち……、保育に燃えていた前田さんは、最初、こうした親を前にして、「親に（対してなんでも）いいよ、いいよなんですか?」と思ったそうです。しかし、職員会議で今日の子育ての困難について学習し、大牟田の実態と重ね合わせて親や子育てへの理解を深め、日常の保育のなかで、職員同士が親の見方や対応を話し合うなかで、前田さん自身の親の見方を深めていきます。

　朝、園がモーニングコールをしないと登園が十時、十一時になってしまう家庭の母親から、逆に園に電話が入るようになったという小さな変化が見え、その変化を喜べるようになりました。食事や睡眠について、親の「シキラン」という言葉は、努力を放棄したものではなく、努力はしていてもできない現状があり、それを「シキラン」という言葉で表現していると読みとれるようになったのです。また、毎朝、子どもを寝たまま連れてきて、保育園で持ってきたお握りを子どもに食べさせる母親に対して、「寝たまま連れてくるなんて」「保育園でお握りを食べさせるなんて」という意見もありましたが、「お握りを作ってくるのは子どもに食べさせたいという気持ちがあるから。朝食を食べさせないままの親だっている」という他の保育者の意見を聞き、「母親の食べさせたい気持ちを大切にしよう」と思うようになったと言います。

その背景には保育者自身が、葛藤しながらも、直面した課題から逃げずに、模索し続けたプロセスがあるでしょう。あるべき生活にだけこだわっていたら、朝も遅く、登園時間も守れない親、困った親としてしか見ることができないでしょう。悩みながらも、否定的に見える言動の底にある親の本当の気持ちや前向きな変化が見えてきたのです。最初は気持ちが重くなったこともあったそうですが、やがて幼い子を抱えての仕事探しなど、親をとりまく厳しい現実やそのなかで必死に努力している姿が見えてくるようになったと前田さんはふりかえっています。

同時に、前田さんの実践、親の見方は、園全体での学習や職員間での話し合いを積み重ねるなかで深められ、培われたことがわかります。職員同士が親の事例を出し合い、その親の見方や対応を本音でていねいに話し合っていることが、保育者自身の見方を深め、多角的に広げていくことにつながっているのです。

③ 試行錯誤のなかで子育て観を見つめ直し、親の見方を深める

今、家族のあり方、子育てのあり方が大きく変化し、親たちの家族や子育てのあり方も多様になってきています。人は誰でも自分の生まれ育った家族の体験、子育て経験者であればその体験も持っています。こうした家族や子育ての体験は、人々のなかに根ざし、その人の子育てのとら

え方に大きな影響を与えています。これらの家族観、家族・子育てへの思いは、親と思いを共有する手がかりになることもありますが、自分の価値観だけで推し量れない場合もあります。

ある園の研修のなかで次のような保育者の意見が出されました。「自分自身が大変ななかで子育てに精一杯頑張ってきたからこそ、やはり今の親たちにも『頑張ってほしい』という思いがある。しかし、周囲の保育者たちから『親に厳しすぎる』と言われ、葛藤し続けている」というのです。この場合でも、職員間で話し合いがあることで、自分のモノサシが唯一絶対のものではないという認識が生まれています。自分はこう思うが、もしかしたら「厳しすぎるかな?」と自分の価値観を相対化する余地を生み出しています。そこに職員で話し合うことの意味があると思うのです。

とくに今は、「子どもがかわいいと思えない」という親、イライラして子どもに当たる親、家族のなかで不安や寂しさを抱えている子どもなど、親と子の関係に困難や気がかりな点の見られる場合も少なくありません。こうした場合、子どもにとってこれでいいのだろうか、何とかならないかという保育者の葛藤も深く、親の姿や子育てに対する思いを理解し、一緒に子どもを育てていくことを実現していくことは、簡単ではありません。かわらまち夜間保育園の二歳児クラスの保育者、高橋美代子さん、河野友香さんの事例を紹介しましょう。

入園以来、母親がM君のことを好きと思えず、親子の関係がしっくりしていないことにずっと気がかりを感じ、悩んできました。ちょうど、母親が次の子を妊娠し、産休をとることになりました。そこで産休に入った母親に、「早いお迎えにしてみては？」と提案してみました。親子でゆったり過ごすことで、母親がM君に寄り添うことができ、M君のよさが母親にも伝わる時期がきたと考えたからです。保育者である河野さん自身も産休中に上の子との関係を深められたという思いがありました。しかし母親からの言葉は「迎えはこれまで通りにしたい」というものでした。園で夕食も食べるとお迎えは七時半、産休中に「なぜ？」という思いが募りました。「親子の関係を深められて良かったというのはあなたの体験、あなたの価値観でしょ？」という園長先生の一言にも考えさせられました。

しかし、その後、母親の話をよく聞いてみるなかで、母親は食事も作れないほど体調がすぐれず、実母が食事を作りに来てくれていること、帰りに走っていってしまうM君を追いかけることもできない状態であることがわかりました。また家庭訪問をして、母親のしんどさを直接、目で見て確認することもできました。人にものを頼むことが苦手な母親がなぜ「これまで通りに」と言ってきたのかが見えてきたのです。そして、父親が帰宅するころに降園するほうが安定した生活ができるのではと思うようになり、本心から「これまで通りのお迎えでいいよ」と母親に言うことができました。

母親の「本当にいいんですか？」という言葉に、これまで『それぞれの家庭がそれぞれの子育てのスタイルを作っていって下さい」「園に甘えていいんだよ」と親に言いながら、やはり

「こんな母親であるべき」という自分の見方にとらわれて、そこからしか見ていなかったのではないかと改めて考えさせられました。出産後、しばらくして母親のほうから「落ちついて来たので夕食前のお迎えにしようと思うのですが」と自分で判断しての申し出があり、今は五時半のお迎えになりました。[5]

かわらまち保育園の保育者たちが「親のこと、子どものことを考え、試行錯誤のなかで葛藤しながらやってきた」と繰り返し語っていたことが印象的でした。子どものことを真剣に考え、親子の関係に心を痛め、もっとこうなればいい、何とかしたいと思ってきた保育者たち。そうしたなかで、子どもにとってこれまで通りのお迎えでいいのか、何でもいいということではないのではないかという保育者の葛藤が伝わってきます。保育者が親の大変さを理解し支えようと努力しながらも、同時に子どものことを考え、園でも家庭でもよりよい生活や関係を、と願うのは当然でしょう。これまで繰り返し述べてきたように「親を支えること」と「子どもの育ちを保障すること」の二つを保育のなかで実現していくことは簡単ではありません。この二つの間には矛盾が存在します。夜間保育園という厳しい状況のなかでは、その矛盾も大きく、保育者たちの悩み、葛藤も一層、深いものとなっています。

この実践のなかで、産休中も「お迎えはこれまで通りに」と言われるなど、保育者が考えるような結果にならなかった時、保育者は母親の思いを聞き、今の生活の大変さを改めてつかみ直しています。また「あなたの価値観でしょ?」という園長先生の言葉や「本当にいいんですか?」という母親の言葉からも、自らのとらえ方や姿勢を再度、見つめ直しています。だからこそ、本心からお迎えは「これまで通りに」と言えるようになったのでしょう。ここに大きな意味があると感じます。厳しい矛盾に直面するなかで、保育者たちが悩みながらも粘り強く試行錯誤を続け、時には自分の子育て観や親に対する姿勢も見つめ直すなかで、親の姿、親の思いをさらに深く理解することができるようになったのではないかと思えるのです。そして、親もまた保育者に理解されていることを感じ、保育者の言うことも受けとめられたのではないかと思うのです。

4 親への対応を具体的に考え合う

このように研修は、今日の課題やさまざまな実践を学ぶなかで、保育者の視野を広げ、自らの保育を見直すきっかけとなったり、新たな課題を認識するなど、保育者の成長、保育実践の向上に大きな意味を持っています。いろいろな形態があると思いますが、たとえば多くの職員が同時に同じ研修を受けることで、課題や問題意識を共有し、今後の話し合いを方向づける契機となる場合もあります。しかし、単発の研修では、受け身で聞き流す、その場限りとなって、実践につながっていかない可能性も否定できません。研修と実践をいかに有機的につないでいくかということが重要になってきます。

事前に保育者にアンケートを実施したり、受講後にグループ討議をしたり、さまざまな工夫がされていますが、とくに大切だと思われるのが、親への対応について事例を出し合って具体的に検討することです。子どもの事例を出し合って子ども論議を深めるように、親についても、親をどう見るか、親の実態、子育ての困難の背景をどうつかむか、日常の保育のさまざまな場面での親への対応はどうあったらいいのかなど、親論議を深めることが大切ではないかと思うのです。大学で言えばゼミ形式の研修、研究会と言うことができるでしょうか。

たとえば、ある研修では親の姿のとらえ方や保育参加への保育者の対応について、次のような話し合いがなされました。

親の保育参加を実施した時、一緒に散歩に出たり、園庭で泥んこになって遊ぶこともあるので、それにふさわしい服装でと呼びかけたのに、ヒラヒラしたフレアスカート、ロングスカートやミュールでやって来て、公園でもベンチに座って一緒に遊ぼうとしない。園に戻ってきても、「ウチの子おしっこしちゃった」と言ったまま、パンツも替えようとしないという親たちの姿に悩んでしまうという事例が出されました。

話し合いのなかでは、保育参加については、「そのお母さんも家であれば自分でおしっこに対応したはず。親の理解と保育者の意図、親への期待との間にズレが生じていたのではないか。保育参加の仕方や親にどこまで求めるかをわかりやすく伝えることも大事では」「保育参加で時には父母に先生になってもらうのもいい」などの意見が出され、親の問題であるだけでなく、保育者側の伝え方も大切であることが明らかになってきたのです。

各園から集まった保育者たちが、困っている、悩んでいる親、気になる親の事例を出して考え合ったり、登園の遅い親子への対応、寝る時間が遅かったり食事が気になる親への対応、かみつきをめぐる親とのトラブルとその対応、連絡帳でどのように親とコミュニケーションを図るかなど、具体的な事例を出し合うのです。そしてその一つの悩み、問題について、自由にそれぞれの保育者が自分の園ではこうしている、私はこうしている、こんな事例があったと実践を出し合ったり、私はこう思うと意見を出し合います。一つの結論を出すことはせず、自由に実践や意見を出し合い、一人ひとりの保育者がそのなかから学んでいくことを大切にしていきます。他園の違う対応を知ったり、ベテランの保育者の蓄積から学んだり、子育て真っ最中の保育者から今の親の意識や親の側から感じることを出してもらったりします。

「親との信頼関係を築く」「親を受け入れる」と言っても、具体的な親との対応を出し合ってみると、その理解がずいぶん異なることがわかってきます。そうした具体例をどうみたらいいのか、そのことが信頼関係を築くことにどうつながっているかと考えていくことが、非常に重要なことです。日々の会話やコミュニケーション、対応の積み重ねで親と保育者の関係は築かれていきます。ですから、その具体的な一つひとつがどうであったか、その根底にある親の見方、とらえ方を深め合っていくことが、豊かな実践をつくり出す源になっていると考えるのです。

今、多くの保育園で研修や話し合いの時間が削られてきています。予算の削減で研修が少なくなったり、条件が改善されずに多くの課題が保育園に求められ、保育現場はとても忙しく、交代勤務もあり、全職員が顔を合わせて話し合うことも困難な状況が生まれています。そうしたなかで発達や保育内容に比べ、すぐに明日の保育につながるというわけではないという面もあり、親の問題は、二の次、三の次にされがちです。一方で研修や話し合いは保育者の元気の源と言われます。多くの保育者が親への対応で悩み、葛藤している現状があるからこそ、親論議を深める研修や話し合いの充実が求められているのではないでしょうか。

第六章　注

（1）大宮勇雄「保育をめぐる質とコストと専門性～『保育の質』への市場主義的アプローチ批判、第Ⅱ部その（1）」『保育情報』三二四号、六～八頁、保育研究所、二〇〇三年十一月

（2）高垣忠一郎『心の浮輪のさがし方～子ども再生の心理学』、六四～六五頁、柏書房、一九九九年

（3）同右、六三、六五頁

（4）大牟田市高取保育園・前田恵子「生きる力の第一歩を」、および、二〇〇二年第三四回全国保育団体合同研究集会ゼロ歳児分科会発言より

（5）かわらまち夜間保育園・高橋美代子「長時間保育の中で一人一人を受け止めるって？」『季刊保育問題研究』一九九号、二四二～二三四頁、新読書社、二〇〇三年三月、および第四二回全国保育問題研究集会補足資料・発言より

第Ⅲ部

長時間保育・子育て支援の視点と課題

第一章

長時間保育実践を深める

1 長時間保育を「保育」の問題としてとらえる

延長保育は「オプションの事業」か?

新エンゼルプランでは、延長保育の拡充を、低年齢児の受け入れの拡大などとともに「保育サービス等子育て支援サービスの充実」のなかに位置づけ、子育て支援サービスの重要課題として掲げています。延長保育は一九八九年に補助金事業(特別保育事業)に変更され、一九九八年の児童福祉法改正時に自主事業とされました。同時に一九九八年に保育所の開所時間を十一時間とし、十一時間を越える保育のみを延長保育の補助金の対象と変更しました。

　こうしたなかで延長保育は「量的」には広がりを見せていますが、同時に延長保育は「子育て支援サービス」、補助金による「プラスアルファの事業」、「オプションのサービス」という認識も広がり、定着してきているように思います。

　保育料とは別に延長保育料を徴収することが当たり前となり、延長保育開始時刻にチャイムの鳴る時計やタイムカードを設置し、延長保育を申し込んでいない親がお迎えに遅れると分単位で料金を徴収するという園も現れてきています。一日だけ延長保育を利用する「単発」の導入により、日割りの延長保育料を園に支払うということも珍しいことではなくなってきています。こうした延長保育制度は子どもたちの保育にも影響を及ぼしています。延長保育利用の有無により、延長保育を利用する子どもと延長ではないがお迎えが遅れた子どもたちを別室に分け、補食を食べられる子どもと食べられない子どもとを区別して保育をするという状況も生まれ、保育者を悩ませているのです。他方、「保育料を払っているから、仕事が終わってもすぐにお迎えに来ず、保育時間ギリギリにお迎えにきてもＯＫと開き直りのような親も一部には見られる」と嘆く保育者の声も聞かれます。

　このように親と保育園との間で保育を時間単位で「切り売り」することが浸透してきています。「保育サービス」を親が園にお金を払って買うという形で、契約制と市場原理が、延長保育の部分では先行的に導入されているということができましょう。そして国による延長保育の理念・制度のなし崩しの「改変」が子どもたちの保育や親との関係にさまざまな影響を及ぼしているのです。

しかし、延長保育は「子育て支援サービス」なのでしょうか。補助金による「プラスアルファの事業」「オプションのサービス」という位置づけでよいのでしょうか。この点をまず考えてみたいと思います。

長時間保育は矛盾の固まり

保育園の保育時間は年々、長くなる傾向があり（図1）、延長保育は一定の広がりを見せています。長時間保育に対する父母の要求を反映して、延長保育を実施していない保育園の在園率が九二・九%なのに対し、延長保育を実施している保育園では一〇六・四%と、開所時間が長いほど在園率（定員に対する入所者数の割合）が高くなっています（図2）。

筆者が研究員として参加している東京都私立保育園連盟夜間・長時間保育研究会で調べたところ、延長保育実施園では延長保育を実施していない園に比べて、長時間保育の子どもが多くなり、朝の早い時間、夕方の遅い時間の子どもの在園率が高い傾向が見られました。延長保育実施園のなかには、保育時間が全体的に伸び、延長保育が始まる時間ぎりぎりまでほとんどの子が帰らないという園も見られます。同研究会の資料から、具体的な園の例をあげますと、六時十五分～七時十五分の延長保育を実施しているS保育園（六十名定員、五十六名）では、五時三十分～五十九分四十一名（実数の七三・二%）、六時〜六時十四分三十四名（六〇・七%）の子どもがいます。六時〜七時の延長保育を実施しているK保育園（百名定員、実数百八名）でも、五時〜五時二十九分には九十二名（実数の八五・二%）、五時三十分〜五十九分六十五名（六〇・二%）の子ども

図1 開所時間別保育所数の推移

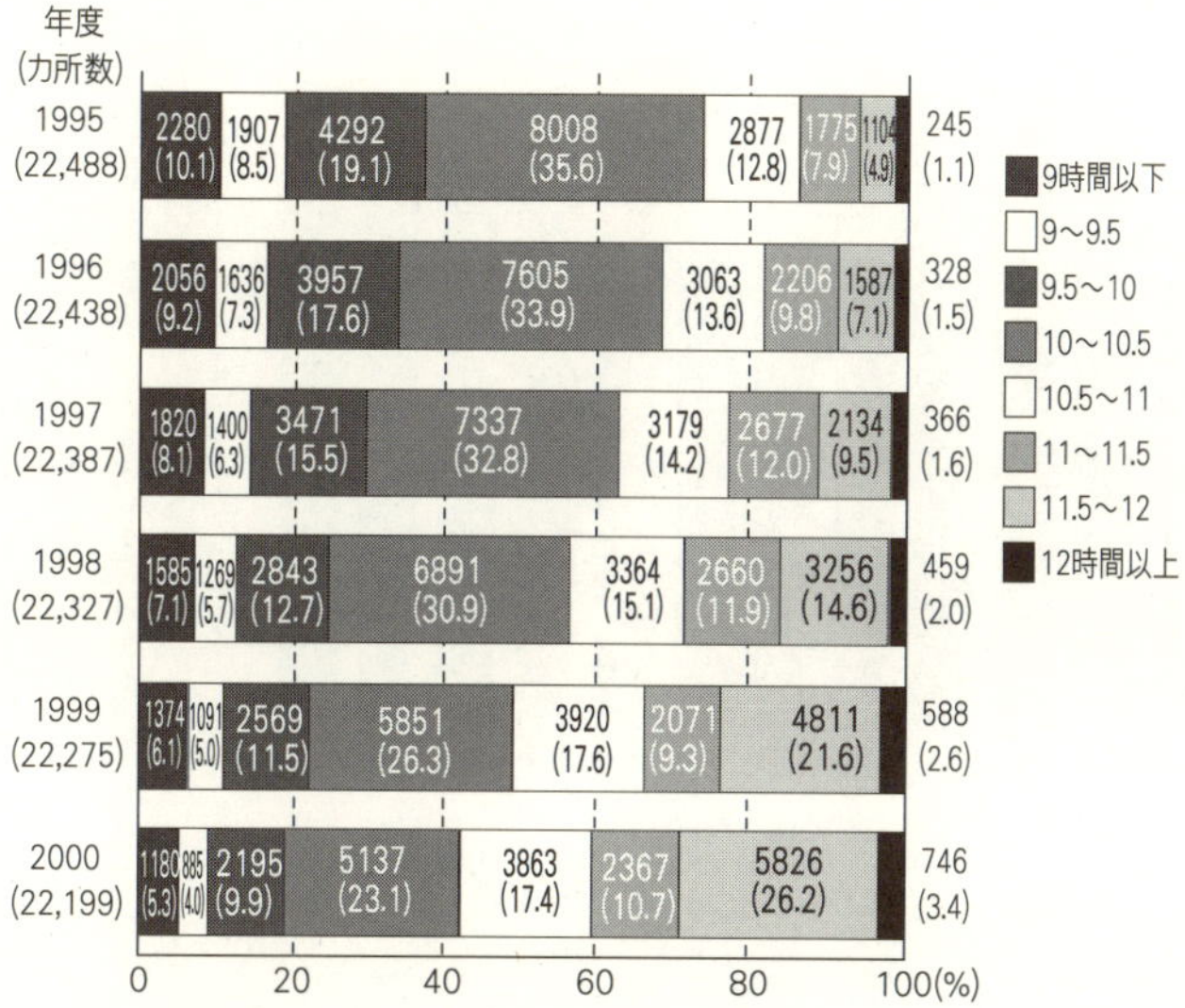

出所：各10月1日現在「社会福祉施設等調査報告」
全国保育団体連絡会・保育研究所編『保育白書 2002年版』（草土文化）より

図2 開所時間別にみた保育所の定員、在所児数、在所率

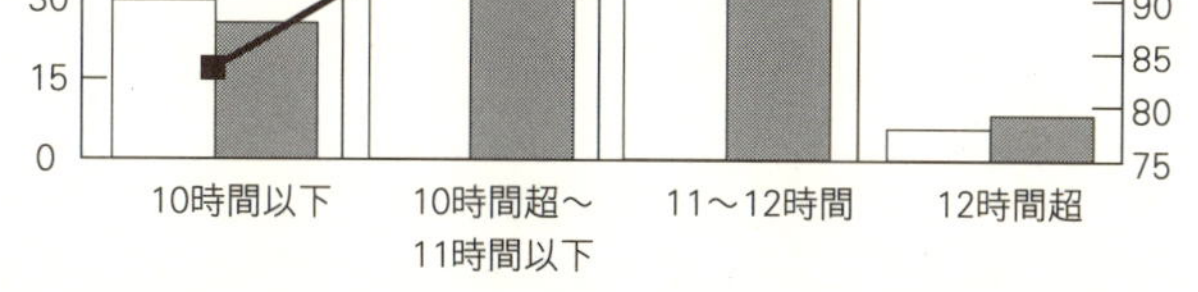

全国保育団体連絡会・保育研究所編『保育白書 2002年版』（草土文化）より

図3 時間別正規職員・臨時職員比率

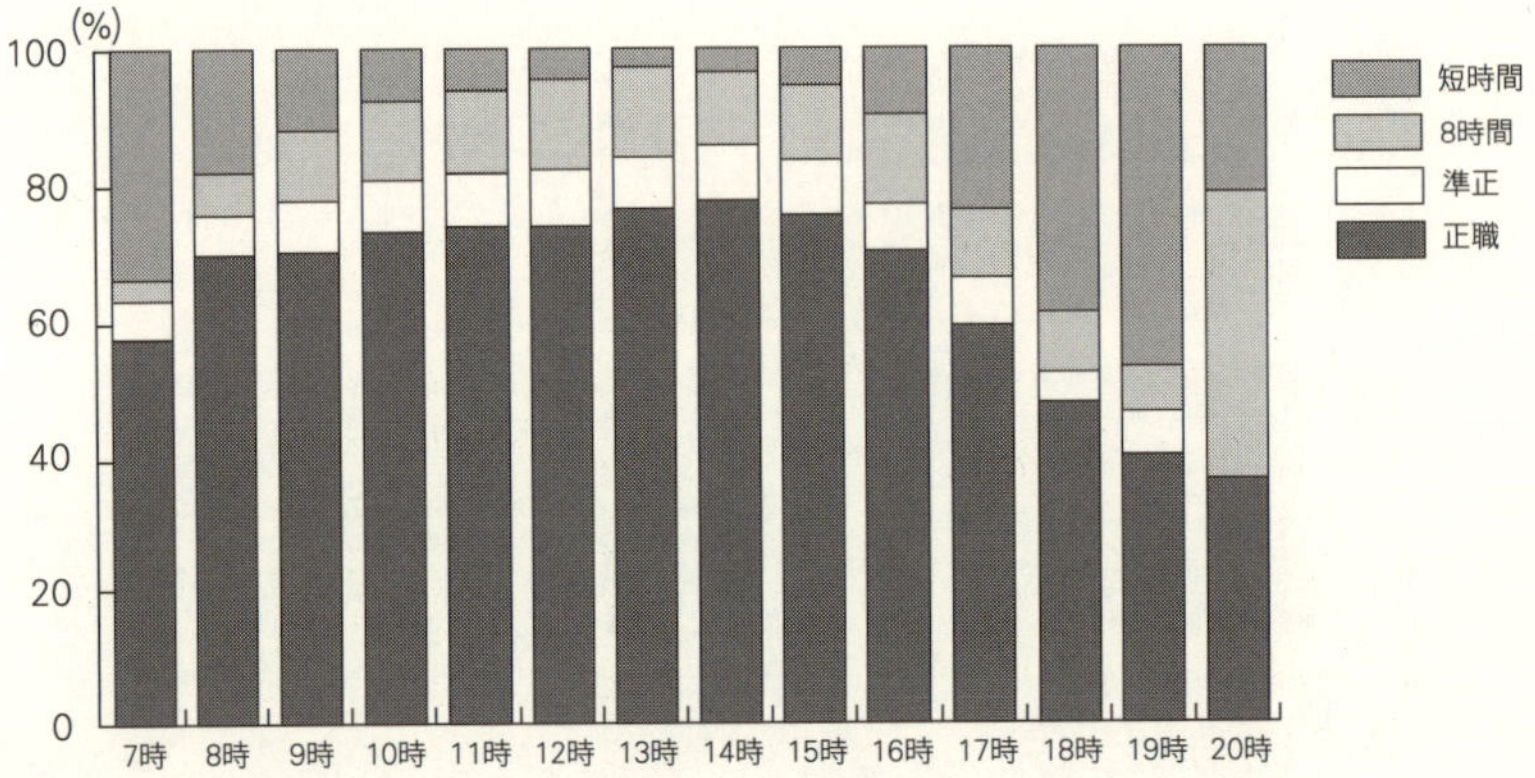

出所：全国福祉保育労働組合保育部会「2001年保育実態調査中間報告」
注：「正職」＝雇用期間の定めのない正規職員。「準正」＝賃金・労働条件は正規職員とほぼ同等で雇用期間に定めのある職員。「８時間」＝時給・日給などの臨時・パート職員で１日の労働時間が正職とほぼ同じ職員。「短時間」＝時給・日給などの臨時・パート職員で一日の労働時間が短時間の職員。
全国保育団体連絡会・保育研究所編『保育白書 2002年版』（草土文化）より

が保育園にいます[1]。延長保育が始まる一時間前には七～八割、三十分前でも六割の子どもが保育を受けているのです。

しかし、多くの子どもが残っている夕方や延長保育の時間帯の保育者の数は少なくなり、正規職員の比率も少なくなっている実態が見られます。また早朝や夕方の延長保育の時間帯では主に短時間パート保育士によって担われ、正規職員が相対的に少なくなっており（図3）、とくに夕方六時以降の延長保育では、正規職員の比率は半数以下、七時、八時では四割以下となっています[2]。

このように今日の長時間保育は、「子どもの在園時間が長くなればなるほど矛盾が拡大する[3]」という現状があります。こうした矛盾は、国がこれまで長年にわたって長時間保育を「付け足しの保育」という位置づけでしか対応してこなかったことに起因しています。今の国の延長保育補助金は、パート保育士で対応することを前提としており、子どもの年齢に関係なく、対象人数による定額補助となっています。そのため、認可保育園が、子どものことを考えて正規保育士を配置したり、乳児の保育士比率を高めたりすれば、それだけ園の経営が厳しくなるという矛盾が生じているのです。また、最低基準の保育士定数は十一時間の保育を前提にしておらず、あいかわらず八時間のままであることも一層困難な条件のもとでの保育を生む原因となっています。

長時間保育は「保育」の問題

まず第一に、延長保育はあくまでも「『保育に欠ける子ども』の保育」であることを確認しておきたいと思います。延長保育は、「保育とは別」の「子育て支援事業」なのではなく、まさに「保育に欠ける子ども」の保育であり、「保育」の問題としてとらえる必要があると考えます。子どもの保育時間が長さや夕方、夜という保育時間帯にかかわらず、「保育に欠ける子ども」であることに変わりはないからです。夕方からの延長保育の時間帯には、昼間の保育条件よりも悪い条件で保育されて「当然」ということでもないはずです。また、延長保育利用の有無によって、子どもが違った扱いを受けて「当然」ということでもありません。皆、「保育に欠ける子ども」であり、保育園の子どもたちなのです。保育を受ける時間帯によって、延長保育利用の有無によって、子どもが同じ保育を受けることができないというのはやはりおかしいと思うのです。その意味で今の延長保育制度、補助金は大きな問題を持っていると考えます。

国の制度がそうなっている以上、制度としてはそうせざるを得ない面があるのはたしかですが、延長保育は「保育」であることを忘れてはならないと思います。「延長保育は保育」であることを根底にすえて、親や子どもにとって延長保育がどうあったらいいのか検討し、実践的にも明らかにしていくことが大切ではないかと考えます。規制緩和が叫ばれ、保育の市場化、保育への企業参入が進められようとしている今日だからこそ、延長保育を「保育」としてとらえ、検討していくことがより重要になってくると思います。

「子ども」「親」「保育者」のだれをもおろそかにしない視点

保育全体についても言えることですが、とくに矛盾が集中している長時間保育が「子どもにとって」「親にとって」「保育者にとって」どうかという、三つの視点から常に検討し、それぞれにとってよい保育を作り出していくことが大切だと考えます。「長時間保育は矛盾の固まり」ですから、この三つの視点をどの一つもおろそかにせず、保育として実現していくことは簡単ではありません。長時間保育に対する親の要求には一切応えないという姿勢では、親をますます困難な状況に追い込み、親からの信頼が得られないことは上巻第Ⅰ部の第五章ですでに述べた通りです。

同時に、親のニーズに応えて実施した延長保育が、子どもや保育者に犠牲を強いる保育、保育者も子どもも「大変」な条件のなかでの保育であっていいというわけでもないでしょう。

「子ども」「親」「保育者」のそれぞれにとって、長時間保育はどうあったらよいか、今日の長時間保育の問題を明らかにし、実践を蓄積していくことは、公的な保育だからこそ可能なことであると考えます。コストや営利を追求することと、この三つの視点を総合的に追及していくことは相容れません。ここに、公的な保育としての長時間保育の役割があると言えましょう。したがって、「子ども」「親」「保育者」のそれぞれにとってよりよい長時間保育の制度や内容を実践的に明らかにしていくことが、今求められている重要な課題であると考えます。

「親と保育者の信頼関係」を深める長時間保育を

今の延長保育制度のもとでは、「保育サービス」を親が園にお金を払って買うという契約制と市場原理が、延長保育の部分では先行的に導入され、親と保育園との間で保育を時間単位で「切り売り」することが浸透してきていることを指摘しました。延長保育を実施する際に、ただ実施すればいいというのではなく、どのように実施するのか、何を大切に実施していくのかが決定的に重要になると考えます。

先に、「保育料を払っているから、仕事が終わってもすぐにお迎えに来ず、保育時間ギリギリにお迎えにきてもＯＫ」など、保育をお金で割り切っているように見える親が現れて保育者を嘆かせていると述べました。しかし、今の延長保育制度そのものが、「お金で保育を買う」という考え方で実施されている以上、親がそう考えるのはある意味「当然」のことではないでしょうか。まして、保育園が延長保育に申し込んでいない親がお迎えに遅れることに、一層厳しく対応したり、延長保育開始時刻にチャイムの鳴る時計やタイムカードを設置し、遅れると分単位で料金を徴収するということを率先して行なえば、親の間にはますます「お金で保育を買う」という考え方が浸透していくでしょう。これまで保育研究運動が育んできた「親と保育者が一緒に子どもを育てる」という共同的な関係が、現行の延長保育制度のもとで崩されてきているのです。

今の延長保育制度のもとで、園が異なる実施の方式を導入することは簡単ではありませんが、延長保育を実施する際には、何を大切にするのか、どのようなルールにするのか、親にどのように伝えていくのかをきちんと吟味していくことが大切です。「お金で保育を買う」と考える親も、親が悪いというよりも今の制度のもとで生じる問題ととらえ、日々の保育のなかで保育に対する考え方や親と保育者との関係を、ていねいに伝えていくことが必要でしょう。延長保育が、親との信頼関係、共同的関係を深めることにつながっているか、「親と保育者が一緒に子どもを育てる」ということにつながっているかを見直して、親と保育者のこのような関係を作りだしていくことが重要な課題となっています。

その際、大切なことは、親の労働や生活の実態、親の保育に対する要求や願いをしっかりとつかみ、親と保育者が一緒に子どもを育てる関係を作り、長時間保育についても、親と一緒に考え、よりよいものにしていくことです。そのなかで、親と保育者の信頼関係も深まり、長時間保育も内実あるものとなっていくでしょう。常に「親と共に」ということを忘れてはならないと思います。これは、長時間保育の問題だけに限らず、保育の原点と言えます。

また、長時間保育では、保育者のローテーションも複雑になり、担任と父母のコミュニケーションが取りづらくなるという問題もあります。保育者がゆとりを持って親とのコミュニケーションをはかるには、保育条件の改善は不可欠な課題です。今の厳しい条件のなかで、全職員と延長保育の親との懇談会を持つ、延長保育だよりを出す、担任が延長当番の日を前もってクラスの父母に知らせておくなどの工夫をしたり、何か問題があった時は担任が残って親と話をするなどの工夫や努力を積み重ねている園がたくさんあります。同時に、一日十一時間以上の保育を行なうことが当たり前となっている現状では、担任まかせでは保育が成り立たなくなっていることも認識する必要があるでしょう。他のクラスの親とその子どものことを保育者が把握していないと対応することができません。ですから、子どもの姿、親の姿を園の職員全体で共有していくことが、以前にも増して大切になってきています。

2 「子どもの視点」をすえた長時間保育の実現に向けて

「子どもの視点に立つ」とはどういうことか?

「今、目の前の親子にできること」とは?

延長保育、長時間保育について考える場合、「長時間保育は子どもによくないのではないか?」ということが常に問題となります。延長保育の実施を検討するうえでも重要な論点の一つとなります。東京都私立保育園連盟夜間・長時間保育研究会でも一九九〇年頃には、延長保育に取り組んでいる園は極少数であり、多くの保育者が夕食時間や寝る時間が遅くなり、生活が乱れたり、家族のふれあいが少なくなるのではないかという疑問や不安を抱いていました。

そこで研究会では、一九九一年に生活実態調査を行ない、家庭生活への影響を調べてみました。登園時間八時前・八時・九時過ぎ、降園時間を五時前・五時・六時過ぎのグループに分け、子どもの家庭での生活を比較したのです。すると、六時半降園で六時半に夕食をとることが不可能なように、登園時間、降園時間は子どもの家庭での生活を規定する一面を持っていますが、ストレートに子どもの生活のすべてを決めているわけではないことが、調査結果から明らかになったのです。

たしかに降園時間が遅い子どもの就寝時間が遅くなる傾向はありますが、相違の幅は予想よりも小さく、十時半過ぎに寝る子どもは、五時前降園の子どものほうが多いという結果が見られました（図4）。登園時間と朝食の内容（図5）、降園時間と外食、加工食品の利用（図6）との関連はありませんでした。(4)

朝早くから遅くまで保育園を利用する親のなかには、休日に夕食のまとめ作りをするなどの工

図4 降園時間と就寝時間

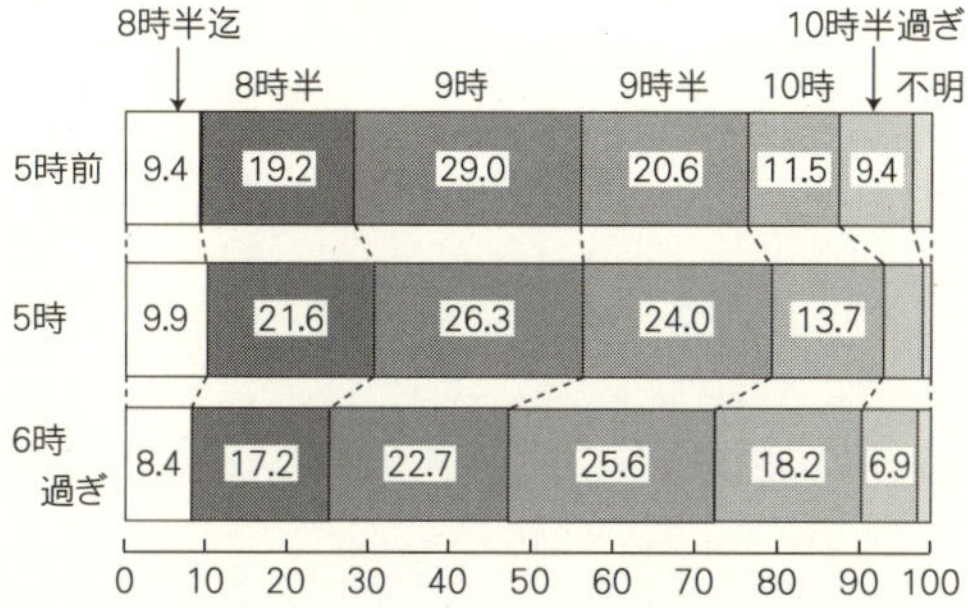

図5 登園時間と朝食内容

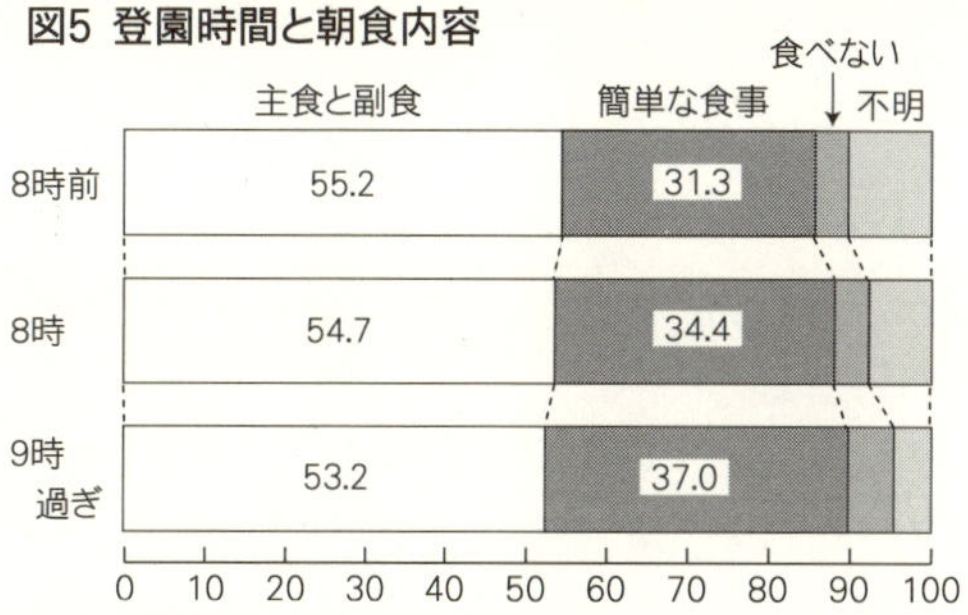

図6 降園時間と加工食品の利用

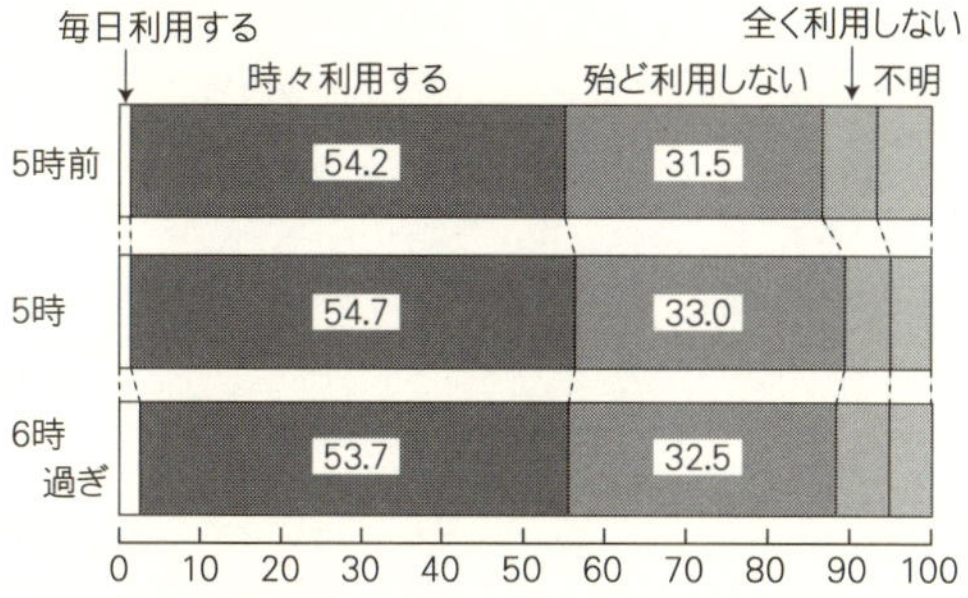

東京都私立保育園連盟夜間・長時間保育研究会
『子どもの食事と睡眠を中心とした生活実態に関する調査』
（1995年）より

夫をしたり、家族で協力しながら生活を成り立たせている家庭もあるでしょう。また五時前降園の子どものなかには飲食店などの自営業の家庭も含まれています。つまり、子どもの家庭生活は、保育時間の長短だけで決定されるという単純なものではなく、親の仕事や生活のありよう、親の意識や努力、家族の協力などさまざまな要因が絡み合って作られているのではないかということが明らかになったのです。もちろん、これで保育者たちの長時間保育の子どもへの不安が解消するというわけではないでしょうが、この調査を実施することで、保育者が「保育時間の短い子どもは『よい生活』を送り、長時間保育の子どもは生活が乱れている」と安易に決めつけてその是非を論ずることはできないこと、親や子どもの生活実態をていねいにとらえることの大切さを学んだことの意味は大きいと考えます。

これまで、保育は目の前の子どもの姿、親の姿から出発し、絶えずつくり出されていく営みであることを一貫して強調してきました。夜間・長時間保育研究会で調査を行なった保育者たちも、親や子どもの生活の実態を土台として長時間保育、延長保育の問題を考えていこうとしたのです。結局のところ延長保育、長時間保育をどう考えるかは、「保育とは何か」「保育をどうとらえるか」の根本にかかわる問題だと考えます。「長時間保育や延長保育け子どもにとっていいことではない」という考え方に対して、丹羽洋子氏は次のように指摘しています。

抽象的な「子どもにとっていいこと」などということはありえない。その子どもには親がいる。親と子は社会の中で暮らしているのであり、親には成り立たせなければならないそれぞれの生活がある。親と子の生活が成り立たないところに「子どもにとって幸せな生活」などありえようはずがない。親が、それぞれの条件の中で「働ける」ことは、子どもが生存していける条件なのである。

親が働いている間、子どもが充実した時間が持てるように。それが保育園の役割ではないだろうか。……親が働いている時間（夜間）、どのように子どもにとっていい時間を考えてあげるか。そう考えるのが保育を考える基本姿勢ではないだろうか。[5]

親と子の生活が成り立たないところに「子どもにとっての幸せな生活」などあり得ようはずがないという丹羽氏の言葉は、第Ⅱ部で筆者が引用した近藤幹生さんの「最初に親と子の暮らしありき」「家庭（親）があっての保育園」[6]という考え方と通じるものがあります。

抽象的に長時間保育が是か非かを議論しても、長時間働かなければならない親の問題は解決するわけではありません。親の労働がますます厳しくなっている現状では、延長保育、長時間保育を認可保育所が実施しなければ、親たちは、ベビーホテルや企業の保育園に一層流れていってしまうことでしょう。長時間保育は是か非かを抽象的に議論することではなく、親が働いている間、子どもが充実した時間を過ごせるようにすることこそ、保育園の役割だという丹羽氏の指摘を受けとめる必要があるのではないでしょうか。現実の親子の暮らしから離れたところに「子どもにとってのいい生活」はないのですから、現実の親子の暮らしのなかで、「子どもにとってのよりいい生活」を保育園と親とで一緒に考え、つくり出していくことが、保育者に求められていると思うのです。保育者が「長時間保育は子どもにはよくない」と考えている間は、長時間保育に対してなかなか積極的に取り組めないのではないでしょうか。

実施前には「延長保育が子どもにとってよくないのでは?」と不安を抱いていた保育者たちが、いったん、延長保育に取り組みはじめると、延長保育の是非論は影を潜め、「どうしたら子どもにとってよりよい延長保育にすることができるか?」に心を砕き、さまざまな工夫をしていく姿をしばしば目にしてきました。今日の困難な状況のなかだからこそ、親と子を守る保育園の役割が、一層、はっきりとしてきているのではないでしょうか。「長時間保育は子どもによくない」と切り捨てるのではなく、保育園・保育者が今、親と子に何ができるのかを考えていくという姿勢へと転換していくことが重要であると考えます。

「子どもの視点」から長時間保育のあり方を問う

今日では、「子どもの視点に立った長時間保育」を明らかにしていくことがとりわけ重要な課題となっています。

ある研究会で〇歳児クラスの「気になる子」の事例を検討していた時のことです。その子は、五時からの〇～二歳児の合同保育になると大泣きになってしまうというのです。絵本や紙芝居を読んで、下の階に下りていくのですが、保育者が絵本を読み始めるともう泣きだしてしまいます。担当の保育者が一対一で相手をしていると落ちついてくるのですが、担当の保育者がいないとおんぶでも泣きやみません。その子は、朝夕の人の出入りや夕方のわさわさしている部屋の雰囲気が嫌で泣くようです。保育者同士お互いに検討し合うなかで、残っている子どもの人数など、実態に合わせて、細かく保育者の勤務や体制を見直し組み直している他の園に比べて、夕方から延長保育にかけて非常に多くの子どもが一つの部屋で保育されていることが見えてきたのです。

このように実践を相互に検討したり、長時間保育について交流するなかで、保育者が「当たり前」と思っていた保育が、「子どもにとってどうだろうか？」「今までのやり方でよいのか？」と問題を発見することがあります。先に指摘した通り、長時間保育は「矛盾の固まり」です。それだけ長時間保育が、「子どもにとって」はさまざまな問題点、課題を持っているということでもあります。

しかし長時間保育については、昼間の保育ほどには位置づけられず、検討されることもなく取り組まれているという場合も少なくないのです。このような現状にあって、「子どもにとってよりよい長時間保育とは」を問い、長時間保育を相互に検討するなかで、問題点や課題を具体的に明らかにすることが非常に重要なことです。そして、規制緩和、保育条件の悪化が危惧されるなかでは、「子どもの視点」から長時間保育のあり方を問うことは、一層、重要な課題となっていると考えます。

「子どもの視点」から見た長時間保育の問題点と課題

「子どもの視点」から見て長時間保育にはどのような問題があるのかを、筆者が長年かかわってきた東京都私立保育園連盟夜間・長時間保育研究会における検討を中心にしながら、整理してみましょう。

第一に、今の延長保育制度のもとで、同じ保育園で同じ時間を過ごしている子どもたちでありながら、保育料の有無によって延長保育の子どもと延長でない子どもが別々に分けられて保育されたり、補食を食べられる子と食べられない子がいるという問題です。多くの保育者は心を傷め、悩みながらも、やむを得ずこのような保育や対応をしています。しかし、こうした子どもへの対応は、「子どもにとってこうしたほうがよい」という子どもの側の論理から生まれたものではありません。延長保育の制度が違ったものであれば、このように延長保育利用の有無によって、子どもたちを区別する必要はありません。そう考えると、「オプション」による今の延長保育制度の問題は大きいと考えます。

第二に、夕方から延長保育の時間には、貧困な保育条件のもとで子どもたちが保育されているという問題です。先に述べた通り、夕方から延長保育時間帯に多くの子どもたちが残っているにもかかわらず、保育者の数は少なくなり、保育士一人当たりの子どもの人数が昼間の保育時間帯より多くなり、しかも正規職員の比率も下がっている現状があります。

延長保育の場合の具体例をあげてみましょう。K保育園では、乳児十名と幼児十九名の計二十九名を正規一名、パート二名の計三名の保育者で保育しており、子どもと保育者の比率は九・七対一となります。H保育園では、乳児十九名、幼児十六名の計三十五名を正規一名、パート三名の計四名の保育者で保育しており、子どもと保育者の比率は八・八対一となります。仮に乳児、幼児で保育を分け、一名を幼児に、残りを乳児の担当とした場合でも、乳児での比率をみるとK保育園で五対一、H保育園で六・三対一となります。

T保育園では、〇歳児一名は保育士一人がつき、別の部屋で保育します。一歳～五歳の子ども二十八名は合同保育で、三名の保育者（正規一名、パート二名）が保育しており、子どもと保育者の比率は九・三対一となります[7]。

延長保育の利用者は日によってしばしば変動しますから、日によって子どもの人数が少ない場合もあるでしょう。しかし、反対に多い日もあります。また、最近は延長保育申請者以外に、「単発」の利用を受け入れている園もあります。これらの園ではこの「単発」利用が加わり、子どもの数がさらに多くなる可能性もあります。しかも補食の準備や食事の援助、迎えにきた親への対応もあるなかで、乳児の排泄の援助、けんかや怪我など子どものトラブルへの対応もしなければなりません。子どもの側から見れば、手をかけてほしくても、保育者が対応できず十分に受けとめてもらえないということも出てくる可能性があります。

このように延長保育は子どもにも保育者にも厳しい条件のもとでの保育であることが明らかでしょう。とくに乳児では、夕方や延長保育の時間にはこうした〇歳三対一、一歳六対一という国の最低基準ぎりぎり、あるいはそれ以下という貧困な条件のなかで、子どもが保育される現状は、大きな問題です。

村山祐一氏は、週四十八時間から週四十時間に労働時間が短縮されたにもかかわらず、低年齢児の増加と保育時間の長時間化がすすみ、保育所職員の配置基準が抜本的に見直されることなく今日に至っているため、最低基準と実態との乖離が進行していると指摘しています。厚生労働省が示した最低基準による保育士配置数の計算方法は、それぞれの年齢別に保育士配置数を算出するのではなく、年齢別在籍児を保育士一人当たりの受け持ち児数で除して、年齢別に少数第二位まで算出し、それらを合計した数字を四捨五入して得た数字であるとしています。村山氏は、今日の平均的な在籍児・保育士の配置状況と最低基準値を割り出して比較しています。そして、最低基準配置では保育保障ができないために、八九年には最低基準の定数よりも三人多い八人（約六〇％増）を、九八年には最低基準定数より四人多い十人（約六六％増）を配置していることを明らかにしています（表1）。

つまり、九八年には〇歳児定数が三人に改善されていながら、最低基準の定数と実際の配置数との格差が広がり、低年齢児が増えるとこの傾向が広がっていくというのです。このように、乳児保育や延長保育をすればするほど、最低基準の定数と実際の配置数との格差が拡大します。このため自治体や設置者に負担が増えるということで敬遠されているというのです。また、労働時間が週四十時間になった一方で、保育時間の長時間化が進んだなかで、保育者の労働環境は一向

表1 平均的保育所の在籍児・保育士配置と最低基準値

		1989年（平成元年）		1998年（平成10年）	
		A 1カ所当たり平均在籍児（在籍児数÷保育士の受け持ち児数）	B 最低基準による保育士配置	A' 1カ所当たり平均在籍児・保育士配置数	B' 最低基準による保育士配置
Ⅰ	低年齢児	13人（100.0）	2.15人	19人（146.2）	3.48人
	0歳児	1人（100.0）	0.16人 ※（1人÷6人）	2人（200.0）	0.66人 ※（2人÷3人）
	1歳児	4人（100.0）	0.66人 ※（4人÷6人）	7人（175.0）	1.16人 ※（7人÷6人）
	2歳児	8人（100.0）	1.33人 ※（8人÷6人）	10人（125.0）	1.66人 ※（10人÷6人）
	3歳児	14人（100.0）	0.70人 ※（14人÷20人）	15人（107.1）	0.75人 ※（15人÷20人）
	4歳児以上	50人（100.0）	1.66人 ※（50人÷30人）	46人（92.0）	1.75人 ※（46人÷30人）
	在籍児合計	77人（100.0）		80人（103.9）	
Ⅱ	保育士数総計	E 8人（100.0）	F 5人	E' 10人（125.0）	F' 6人
Ⅳ	Bの保育士配置数に対するAの配置数割合	160%（100.0）		166%（103.8）	

- 在籍児数、保育士数は厚生省『社会福祉施設調査報告』各年版にもとづき算出。
- 1カ所平均の在籍児及び保育士は全国保育所在籍児数及び保育士数を全国保育所施設数で除し、小数点第1位を四捨五入した人数
- ※最低基準による保育士配置数は年齢別在籍児を保育士1人当たりの受け持ち児童数定数で除して、年齢別に小数第2位まで算出し、それらを合計した数字を四捨五入して得た数字
- Aの下段（ ）は1989年を100とした指数（増減率）

村山祐一『もっと考えて!! 子どもの保育条件』（新読書社、2001年）より

に改善されず、過密な労働が強いられ、子どもにとってもゆとりある保育保障がなされているとはいえない状況にあるとも指摘しています[8]。

第Ⅱ部で紹介しましたが、藤岡佐規子氏らは、かみつきを調査するなかで、給食時間をはさんだ時間帯と午後にかみつき発生のピークがあり、午後のピークは、一九九二年の調査結果に比べ顕著に大きくなっており、保育時間の延長、在園時間の長い子どもの増加と関連があると指摘しています[9]。藤岡氏らが指摘する午後の時間帯におけるかみつき発生のピークの増大の背景には、子どもの在園時間の増加とともに、こうした夕方、延長保育時間帯における保育条件の悪化も関連しているのではないでしょうか。どの時間帯であっても子どもが安心できる生活を保障する人的条件は不可欠のものであると考えます。

第三は、朝や夕方から延長保育にかけての保育は、子どもの人数や職員の勤務体制により、クラス別保育→乳児・幼児別の保育→全クラス合同保育と三十分から一時間という短時間のうちに保育の場・部屋、保育者が変わる（図7）という問題です。

このように保育体制がかわり、その都度、子どもたちが部屋を移動するということで、子どものあそびが中断され、細切れにされてしまいます。おもちゃを出して遊び始めるとすぐに「お片付け」となって次の部屋へ移るというのでは、子どもは落ちついて遊ぶことができません。

乳児が安心して生活したり、遊んだりするには、安心できる大人との関係やその場の雰囲気が大きな影響を持つだけに、さまざまな問題があります。全職員がローテーションを組んでいる場合は、子どもが慣れていない幼児クラスの保育者に一歳児が人見知りで泣くということも出てきたり、当番が一日単位で交代する場合、子どもは毎日、違う保育者と接することにもなります。夕方は、子どもに疲れが出たり、淋しくなって不安になりやすい時間帯です。しかも、お迎えの人の出入りや先に帰る子どもなど、子どもが不安定になりがちな場面、状況も多く、子どもの気持ちをきちんと受けとめ、安心できる保育者がいることが一層、重要になるでしょう。

このように考えると、乳児には大人と子どもの安心できる関係がとくに大切とされていますが、それは昼間の保育時間帯のなかだけで考えられているように思えます。朝や夕方から延長にかけての保育は、別の保育として、検討の対象からはずされているように見えるのです。十一時間、延長保育を含めれば十二時間以上の保育を受ける子どもたちですから、一人の保育者がその子どもをずっと保育することは不可能です。こうした現状をふまえ、一日の保育のなかで、どの時間帯をとっても、子どもにとって安心できる保育者との

図7 保育の体制と保育を行う部屋

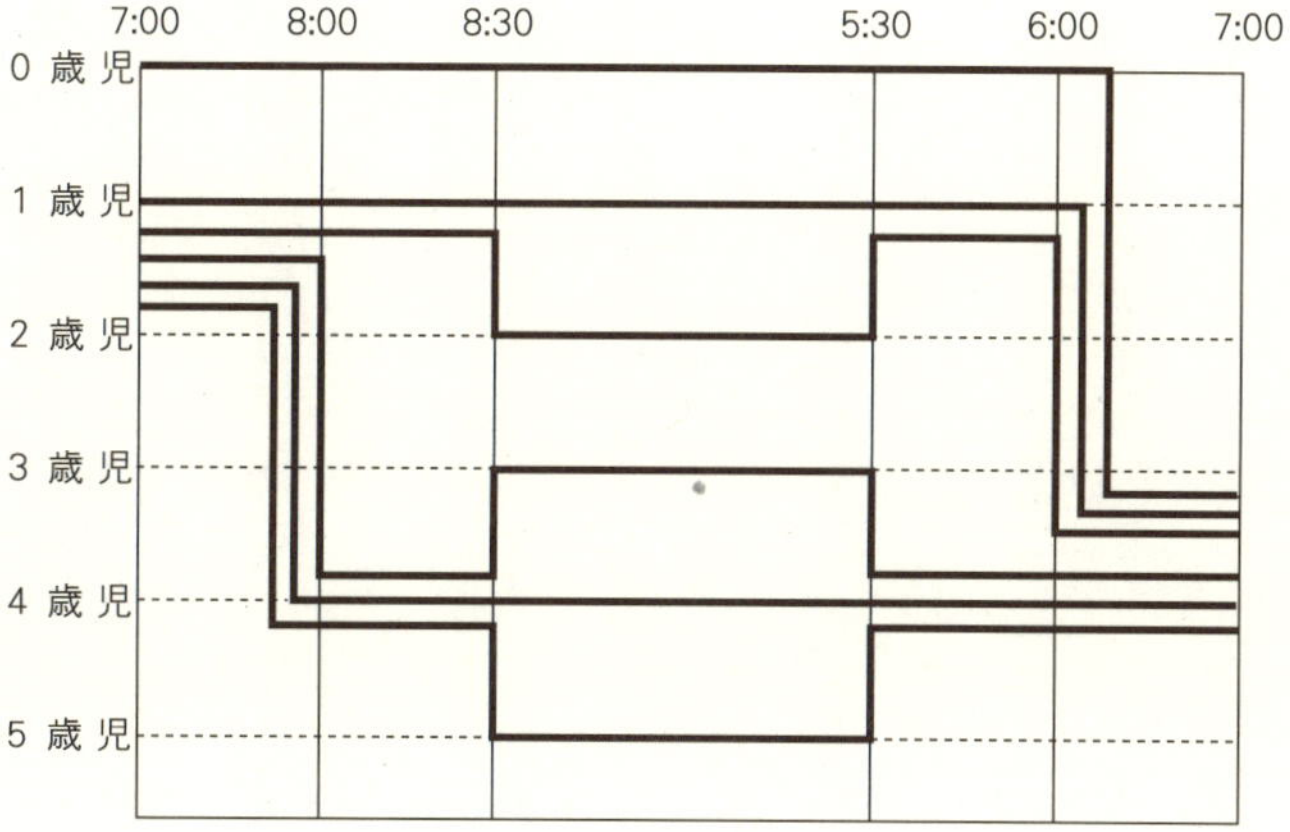

関係をどのように保障していけばいいのかを検討する必要があると考えます。

3 「子どもの視点」から長時間の保育を作りだす

一日十二時間の保育・日課はどうあったらいいか?

「開園から閉園まで」を保育ととらえる

くりかえし述べているように、長時間保育を「付け足しの保育」ととらえるのではなく、保育園の「保育」としてとらえることが大切です。正規の保育時間をはみ出した長時間保育だけを考えるのではなく、一日の保育全体を考え、そのなかに長時間保育、延長保育を位置づけるということです。清水益實氏は「『きょうも一日、保育が始まるから、みんなおいでよ』という開門から、夕方みんなが帰っていって、最後の子どもに『さようなら、また、あしたもおいでね』と見送り閉門するまで、その全体が保育」、「子どもの側からすれば、『おはよう』といってやってくる登園から『さようなら』といって帰っていく降園まで、そのすべてが保育だ」と述べ、「開園から閉園までの全体を保育と考える」という重要な提起をしています。そして、保育とは「開園から閉園までと考えますと、延長保育とか、特例保育ということばが東京にあるそうですけど、特例というのはどこがどう特別なのか[10]」と疑問を投げかけています。

子どもにとって、保育が「付け足し」であってはならず、子どもが朝、保育園にやって来て帰るまで、開園から閉園までを保育ととらえるべきではないかという指摘です。今日では、十一時間開所に伴い、「特例保育」という言葉はなくなりましたが、問題が解決されたわけではありません。延長保育や朝夕の長時間保育が昼間の保育に比べ、貧困な条件のもとで実施されていることはすでに述べた通りです。

同時に清水氏のこの指摘は、①子どもが過ごす保育園の一日の保育全体がどのようなものであればいいのか、②そのなかで、朝や夕方（延長）がどのような保育であればよいか、を明らかにしていくという課題を提起したものと受けとめました。延長保育についても、「付け足しの保育」として全体から切り離して考えるのではなく、「開園から閉園までの全体の保育」を考え、そのなかで長時間の保育のあり方を考えていくという課題です。

どの子どもにも保育園での充実した一日を

まず「開園から閉園までの全体の保育」がどうあればいいのかについて検討していきたいと思います。

延長・長時間保育により、一番保育時間の長い子どもは、一日十二時間以上を園で過ごします。

同時に、朝早く登園する子どもがいる一方で、九時過ぎ、十時過ぎにやっと登園する子どもがいるなど、子どもの生活の相違が拡大しています。このため散歩に出かけるなど、活動を始めようとしても子どもがそろわないということも生まれてきます。また、夜型の生活になり、クラスでの活動を開始してもまだ眠くてボーッとしている子どもも見られます。

長時間保育の園が増え、子どもの生活の差が広がるなかで、保育園の日課と子どもの生活にズレが生じたり、クラス全体の日課をそろえることが、以前よりも困難になっています。食事や睡眠、クラスでの活動など、保育園の日課をどう組むことが子どもたちにとって最もよいのか、個々の子どもが元気に楽しく園生活を送りながら、無理なくクラスでの活動や友だち同士のかかわりを豊かに行なうためには、どの時間帯にどのような形で行なうのがよいのかを再検討することが求められていると言えましょう。

こうした状況をなんとかしようと、保育園の日課を見直す動きが生まれてきています。かわらまち夜間保育園では、夜型の生活や登園の遅い子が増えるなかで、発想を転換し、「保育の軸を午後」に持ってくるという実践を試みています。午前中の保育をゆるやかにし、午後のあそびを充実させて、夜はゆったりと過ごせるように園の生活を変えてみたのです。すると、午前中はあまり無理をせず近くの公園でゆったり遊んでいるので、登園が遅くなった子の受け入れがしやすくなり、午後は空腹・睡眠不足などの生理的要因を含まないので、子ども本来の姿がつかめ、どの子も元気で活動することができるようになりました。また、どの時間帯にも担任がいることで夕方の子どもの揺れを受けとめることもできるようになりました[11]。

延長保育を実施している吹田市藤白台保育園でも「一日十二時間、園で過ごす子どもたちの保育内容はどうあるべきか」、日課を見直しました。「午前中」「午睡おきからおやつまで」「おやつ後から五時まで」のそれぞれを大事に保育の設定を考え、プール開き、焼き芋大会などの行事も「午前中」だけでなく、「午睡おき」や「おやつ後」の時間帯に組みました。また、調理の職員の協力も得て、おやつの時間も遅くし（四時近く）、ボリュームのあるものに変えました。こうした試みのなかで、朝の苦手な子どもたちも午後の時間帯から生き生きとして、活動への集中力も大きいことがわかりました。見通しを持って行動できるようにと午後からも楽しい活動を入れたことで、「お昼寝起きたら○○できる、○○しよう」と午後からの保育を楽しみにする子どもの姿も見られるようになりました[12]。

清水玲子氏は、登園が遅くて一番やりたいプールに入れないGちゃんの実践を紹介しています。四歳児クラスのGちゃんは、いらいらして友だちをすぐに叩いたりする姿が目立つようになり、保育者たちが話し合いを持ちました。三歳の時から登園が遅く、何度か保育者が母親と話をしたのですが、一、二日でまた元に戻ってしまいます。

Gちゃんは昼ご飯の前にあまり遊ぶ時間がありません。午睡の時、眠くないので静かに起きて遊んでいいことにしましたが、本当に楽しく夢中になって遊ぶわけでもなく、いたずらをして困らせたりしていました。話し合いのなかで、Gちゃんが今一番やりたいのはプールだということがわかってきました。Gちゃんが登園してくる頃にはプールは終わりに近づいていて、もっと遊びたいGちゃんはプールからあがるのを嫌がる毎日が続いていたのです。

再度、母親と話をしたのですが、結果は同じ、逆に園でのやり方に不満を言うようになってしまい、保育者たちの悩みは続きました。しかし、もう一人、もっと遅く来る子が五歳児クラスにいたこともあって、午睡のあとも入りたい子が入れるようにプールが用意されるようになったのです。「あの子たちがいつもプールに入れないのはかわいそう」という用務員さんの発言がきっかけでした。早く来なければプールに入れなくて仕方がないとするのではなく、できる限りみんなの努力でどの子たちも大好きなプールに入れるようにと、用務員さんも含めて合意したのです。「いろんな生活を背負っていて登園が遅くなる子がいるのだから、保育のつくり方も子どもの状況をよく見て、できるだけ工夫したい」「どの子にもそこを出発点にしたいい一日を過ごさせてあげたい」とこの園の保育者たちは言うのです[13]。

これらの実践のように「どの子にもいい一日を過ごさせてあげたい」「どの子にも輝く場がある保育園を」と職員が力を合わせて、日課や保育のつくり方を見直し、つくりかえていったのです。日課を見直し変えるには、職員の勤務体制を組み直したり、調理員さんや用務員さんを含め全職員の合意や協力が必要で、簡単なことではありません。また、「親の生活のしわ寄せを子どもが受けている。親の問題」「個別に対応したいけれど、今の厳しい条件では無理」と考えていたら、きっとこうした対応は出てこないでしょう。保育園が、「今、目の前の子どもにできることは？」と柔軟に対応を模索していったのです。

たしかにこのような子どもの生活は保育者が理想とする生活とは違うかもしれません。「子どもが学校に行った時に困る」という意見を耳にすることもあります。しかしこの点については、『子どもの将来ばかり考えて、いま目の前にいる子どもの心を見ない』という落とし穴にはまってしまう」「子どもの将来ばかりに目が行き、今、現在の子どもの欲求や願いに目をやり、それに応えてやることを忘れてしまいます[14]」という高垣忠一郎氏の指摘を思い出すのです。早期教育など今の子育てについて述べた高垣氏の指摘の趣旨とは異なるかもしれませんが、将来の学校生活のため、親が努力し生活を変えるまでは、子どもの今の生活はそのままでよいということにはならないのではないでしょうか。今、現在の目の前の子どもの願いや欲求に応えること、どんな子どもであっても保育園の「今」の生活が充実した楽しいものとなることがまず第一であると考えます。そして、それぞれの子どもが、周囲の大人たちが自分のことを深く理解し大切にしてくれると信頼を寄せ、子どもの「今」が充実することがきっと次につながっていくと思うのです。

一日十二時間を過ごす子どもたち、登園の早い子も遅い子も、保育園に来ているどの子どもたちも生き生きと楽しく過ごせるように日課を見直し、保育者が力を合わせ、工夫していくことが、今、保育者に求められている重要な課題だと思います。

「朝の保育」「夕方の保育」の保育観を深める

先に長時間保育の問題点として、多くの子どもたちが少ない保育者に保育されたり、短時間のうちに保育の場や保育者が代わるという問題を指摘しましたが、それは子どもはずっと同じクラス、同じ場所で保育されるべきだという主張と受け取られることがあります。あくまでも、今の貧しい保育条件のもとで生じる問題点を指摘したのであって、同じクラスで保育し続けなければならないと主張しているわけではありません。今の条件のなかで実現できること、できないことがあるかもしれませんが、「朝の保育」「夕方の保育」が子ども、親、保育者にとってどのようなものであればいいのかを深めること、そのことを軸に保育の体制や勤務体制も考え工夫していくことが重要ではないかと考えています。

清水住子さんと清水益實氏は、堺市いづみ保育園の実践をもとに「朝の保育」「夕方の保育」を深めることを提起しています。開園早々から、いづみ保育園では〝朝の保育（七時半から九時の片付け・朝の集まりまで）〟と〝夕方の保育（四時半頃から六時まで）〟が取り上げられ、職員会議でもよく討議されたと言います。以前に書かれたものですが、今なお重要な提起であると思うので、紹介したいと思います。

(1)家庭の生活と保育園の生活の橋渡しとして

第一に、昼の活動と夜の生活、家庭の生活と保育園の生活をつなげ、切りかえていく重要な部分、橋渡しとしての「朝の保育」「夕方の保育」のあり方です。「朝の生活」「夕方の生活」について、清水住子さんは次のように述べています。

人の生活は大きく分けて、職場などで活動する昼と家庭で安息する夜とがあります。この「昼」と「夜」とを結ぶ重要な部分として「朝」と「夕方」があります。そして輝く光の中で活動への準備を手ぎわよくする「朝の生活」、昼間の活動を静かに休め、すべてのものをやさしく包む「夕方の生活」が営まれています。

個々の生活から昼の活動へ、あるいは昼の活動から夜の生活へと切りかえていくには、「時間的・空間的間」、「だんだんとその気になっていく生活時間帯」が必要です。しかし、「十分か十五分で保育園に運ばれてくる子どもたちには、だんだんとその気になる朝夕の部分が非常に乏しい」と清水住子さんは指摘しています。

日常生活を生き生きすごすためにこの「朝の生活」と「夕方の生活」が感情とか意欲にかかわってとても大切な働きをしているように思えてなりません。

保育園児のなかに意欲がなかったり、落ち着きがない子がいるならば、その子にとっての生活のなかに「朝の生活」「夕方の生活」の欠落があるのではないでしょうか。私は家庭の「朝の生活」の延長線上に「朝の保育」を構想し、夕やけの頃には「夕方の保育」を位置づけてやがて迎える家庭での「夕方の生活」につなぐものとしての一日の生活を考えるのです。

そして、「朝の保育は個々の生活から集団生活へのウォーミングアップの時間」と位置づけています。

親たちにとっても、気持ちよく安心して職場に向かえるかどうかにかかわる重要な意味を持ちます。子どもにしても親にしても、たとえ家庭でつまらないトラブルがあったとしても、朝の保育のなかでその気分を整理し活動へのスタートを切ることができます。

保育者にとっては、登園と同時に視診でその子の気分や状態を読みとり、親を明るく送り出し、つまずきをもっている子には、とくに声をかけたりして集団の中へとけこむように橋渡しをしてやらなくてはなりません。いくつもの質のちがった対処を同時にこなさなくてはならない大変な時間です[15]。

いづみ保育園では「朝の保育」、「夕方の保育」はともに「保育者の真の保育力、力量が問われるところ」であり、この時間帯こそ正職員でやるべきだと考えて、パート保育士は昼間の時間帯に配置し、時差勤務の体制でやってきた[16]と言います。

他方、「夕方の保育」は「やさしい保育」でと清水さんは述べています。「昼間の活動を静かに休め、すべてのものをやさしく包む『夕方の生活』」であり、そのやさしさは「親に対して働く仲間としてのやさしさであり、子に対して専門家としてのやさしさ[17]」だと清水住子さんは述べています。

以上のように、「朝の保育」「夕方の保育」には、一日の生活・活動の始まりとしての「朝」、昼間の活動を静かに休める「夕方」という人間の生活、一日の生活についての考察がされています。そして「朝」や「夕方」には、大人が職場に向かう途中で仕事へ、帰りの電車のなかで仕事から子どもや家庭の生活へと気持ちを切りかえていくように、気持ちの切りかえのための「時間的・空間的間」が必要であることをふまえて、この「だんだんとその気になっていく生活時間帯」を子どもたちに保障していくことが、子どもが意欲的に生活するうえでも大切だと「朝の保育」「夕方の保育」を位置づけているのです。

神田英雄氏は、夜間保育を実施しているみよし保育園で、一歳児クラスの男の子が夜の九時まで残り、母親がお迎えに来た時の印象深い場面について述べています。

その子どもは、「ただいま」とお母さんが入ってきたのを見たとき、「おかえりっ」とお母さんに飛びつくのではないかという神田氏の予想に反して、お母さんとは反対側の保育室に走っていって、紙芝居を一冊持って来て「よんで」とお母さんに頼んだのです。お母さんも「はい」と受け取り、腰を落ちつけて、どこも省略せずに一冊をしっかり読んだのです。その日の夜間保育を担当していた園長の柘植節子さんも、母子をせきたてる様子をみじんも見せず、二人の傍らでにこにこと見守っていたというのです。

神田氏は、二人が帰った後で、なぜ紙芝居を読む時間を保障したのか柘植さんに尋ねました。彼女の答えは、次のようなものでした。「保育園がどんなに楽しくても、家庭で親に甘えられるようにはいきません。園では、子どもは多少とも気を張ってがんばっているものです。……お母さんが帰ってきたからといって、急に甘える気持ちへと、気持ちの切りかえができるでしょうか。紙芝居をお母さんに読んでもらう時間は、がんばっていた気持ちを甘えられる気持ちへと切りかえるための緩衝地帯、一種の儀式なのではないかと思ったのです」。

神田氏は、柘植さんの子どもの見方から学び、「乳幼児の場合、甘える気持ちと活動に向かう気持ちとの切りかえは、何らかの外側からの働きかけで支えられなければならないのではないでしょうか」と指摘しています。保育園に送ってきた親が園を去る時、子どもたちと握手したりでんぐりがえりをしたりして、親と別れる「儀式」をするのも、子どもの気持ちの切りかえを支えるものではないか、親が急いでいて「儀式」を省略したり、逆に「儀式」の後でいつまでも園でしゃべっていたりすると、子どもは気持ちの切りかえに失敗してスムーズに保育に入っていけなくなるようだと言うのです。そして、「できれば気持ちのいい状態が多くなるように、関わり方や生活の組み立てなど、子どもと暮らしていく条件を考えていきたい[18]」と神田氏は述べています。

清水住子さんや神田氏の提起は、人間らしい朝の生活や夕方の生活を基礎とした「朝の保育」「夕方の保育」のあり方の追求であり、家庭から園へ、園から家庭へという子どもの気持ちの切りかえを保障し、子どもが気持ちよく過ごせるような朝と夕方の生活と大人のかかわり方を考え、工夫していくということだと言えましょう。

(2)大人同士の交流の場として

第二に、「朝の保育」「夕方の保育」は「家庭と保育園が交わり合う」重要な時間という位置づけです。とくに夕方の保育は「親との話し合い、親同士のふれ合いの場」としても重要な時間帯として位置づけられています。

清水住子さんは次のように述べています。父母たちには「やれやれ、もう急がなくてもいいわ」という雰囲気があり、親同士で話に花が咲いています。保育者にこのことは是非伝えておきたい、これについては親の意見を聞いておこうと保育者と父母が立ち話をします。子どもたちも、お迎えが来てもあそびの途中だとちらりと合図を送っただけでまたあそびを続けたり、「お母ちゃん、見てて」と側転を親の前で披露すると、「わたしも」と次々に大人に見てもらいにやってきます。

「朝・夕の保育は、いわば海と陸との波うちぎわの部分であり、海へそそぎこむ河口の部分」だと言います。「二つの要素が混じり合っている部分」は、ごちゃごちゃしていてすっきりせず、ややこしいこともよく起こります。夕方の保育においては、多くの父母が出入りし、保育者が親と話しこんでいるときは、保育はいわゆる手ぬきの状態になってしまいます。子どもたちの生活がうまく保育園にとけこんでいないと、子どもは落ちつかず、保育者の目からこぼれ落ちる時間帯となります。しかし反対に生活がうまくいっていれば、これほど大人の目が豊富な時間帯はありません。子どもにしてみても、いろいろな大人との交流ができる場となります。

「波うちぎわは栄養豊かです。また海は陸との特長がいっそうはっきり認識できる場でもあります。家庭と保育園との交流の場であるから、この朝・夕の保育は実に内容豊かで得るところが多いのです。生活と直結した子どもの姿がみられますし、働く者同士として父母たちとの提携の場でもあります[19]」という清水住子さんの言葉は、今なお重要な提起として生き続けます。

埼玉県所沢市柳瀬保育園園長の田中登志江さんは、それまでパート保育士に委ねていた朝七時から夕七時の延長保育を正規職員でやることに変えていくなかで、直接、親や子どもの姿に接し、親子の現実が見えるようになり、保育者としてやるべきことが明確になってきたと述べています。

田中さんたちは朝七時に毎日パンをかじりながら来る子、車の中で食事をさせている姿を肌で感じました。帰りも自分が最終まで勤務して、どのお母さんも必死でころがるように迎えにくる姿を目の当たりにしました。こうした親子の姿に接するなかで、保育者としてやるべきことがはっきりしてきて、「私たちが食べさせるから、お父さん仕事に行っていいよ」、遅くなるという電話がかかってきても「大丈夫だよ。私がいるから」「そんなにあわてなくても平気だからね」と言えるようになりました。親や子どもの姿が見えているから、自然に言える言葉であり、「親や子の現実を認識できたことで保育者としての良心をゆさぶられた」というのです[20]。

今日では、清水さんたちの文章が書かれた時よりも保育時間が伸び、父母も保育者も忙しく余裕がない現状があります。しかし、それでも「朝・夕の保育」が「家庭と保育園との交流の場」であることに変わりないことを、田中さんの言葉が裏付けているように思います。

(3) 各クラス合同の保育を交替で担うことの積極面

第三に、多くの園で朝と夕方の保育が「たてわり保育」になり、保育者が交替で保育をしていることの意味についてです。

朝・夕の保育は保育内容の面からは、「ごく自然ないわゆる『たてわり保育』の時間になっており、ミニミニ生活発表会の場にもなり、なによりも自発的自主的な遊びの時間」でもあります。「クラスをこえて自由なあそびにとりくむ中で、子どもたちは昼間ためこんだ力、いま現在その子のもっている力をみせてくれます。自分が到達している力を使って遊んでいます」。このように、夕方の保育は「昼間の保育内容の拡がりとして意義深いもの[21]」ととらえられています。

なお二歳児クラスは、秋（運動会の頃）までは、〝朝の保育〟は園庭で幼児と、〝夕方の保育〟は中庭で一歳児たちと一緒に過ごすようにしてきたと言います。「年上の幼児と過ごす時間の意義と年齢からくるその限界とを考慮し、……夕方は自分たちが年上の子になるように」、また「年度の前半期では、二歳児クラスから五歳児クラスまでがいっしょにいると、どうしても相対的に二歳児クラスのほうに多く保母の手がとられるようになる[22]」という保育者の動きも考え合わせたものだと言うのです。

清水住子さんたちがいづみ保育園の実践をもとに書かれた文章は一九八〇年代のものです。今日ではさらに保育時間が伸び、延長保育が終わるのは七時か七時半、二時間の延長保育となれば八時です。清水さんたちの提起を受けとめ、「朝の保育」「夕方から夜にかけての保育」はどのようなものであればいいのかを今日にふさわしいものとして深めていく必要があると言えましょう。

全クラス合同の保育、乳児・幼児合同の保育は貴重な異年齢交流の機会です。しかし、そのための保育の体制や条件をきちんと整えないと、大勢の幼児が走り回り、騒然とした雰囲気に乳児が不安になるという問題も生じます。

夜間・長時間保育研究会でも限られた条件のなかで、夕方の保育、延長保育のさまざまな工夫、試みがされています。異年齢での交流が生まれたり、少ない人数だからこそ、好きな遊具やあそびで思い切り遊べるという子どもの姿も出されました。そして、子どもが「延長ではこのあそびがしたい」、「また、明日やりたい」と思えるような保育を作り出すなかで、「〇〇ちゃん、エンチョウバン」と小さい子が不安がらず延長の保育室にやって来たり、延長保育を楽しみにするようになったという取り組みもあります。

こうした子どもの姿が生み出されるためには、この時間帯の保育がどうあったらいいのかを検討し、保育の部屋や体制、さまざまな工夫が必要であると考えます。ある園では、乳児、幼児の数が多くなったこともあり、子どもたちが合同になる時間を遅くし、昼の保育とのつながりを大切にして、なるべく部屋の移動の回数を減らしています。また、ある園では、延長保育を担当する保育者を一週間固定し、毎日の延長時間帯の保育やあそびが継続するようにしています。乳児向け、幼児向けの年齢に応じたあそびや遊具をそろえ、子どもが減っても成り立つあそびの工夫をしたり、ミニカー、ブロック、パズル、レールつき汽車、ままごとなどの遊具や絵本を延長専用にそろえたり、全職員で延長保育のカリキュラムを検討している園もあります。このように、多様な方向の多様な試みがなされており、単純に「こうすべき」と言うことは、かえって実践を貧しくしてしまうように思います。それぞれの園の条件や大切にしている保育をもとに、目の前の子ども・親の姿や職員の働き方の問題を、見直しつつ改善していくことが重要なことではないかと考えます。

また清水さんは、朝・夕の保育を正職員でやることで「この時間帯には（各クラスに分散するのでなく）全保育者が交替でかかわるものだから、お互いの保育を実際に見聞きし話し合えるので、保育者同士の保育観の確かめ合い、一致点の確認にとても有効な働きをすることが分かってきた」[23]と述べています。

このように職員が交代で保育にあたることの積極面を生かすという視点で工夫をしていくこと

が大切であると思います。多くの園では、朝や夕方から延長時間の保育は、各クラスに分散するのでなく合同保育となり、保育者が交替でかかわっていきます。一日十一時間以上の保育を行なうことが当たり前となっている現状では、担任まかせでの保育は成り立たなくなっているのです。複数の保育者が引きつぎながら一日の保育を成り立たせていく、保育者は引きつぎのなかから保育を組み立てていくという発想が不可欠になっているのです。そのためには、朝、夕方から延長保育のそれぞれの時間をどのような時間で何を大切にするのかを討議し、共有していくことも必要でしょう。

また、先に指摘したように、自分のクラスの親だけでなく、他のクラスの親にも対応していくためには、子どもの姿、親の姿を保育者全員が共有していくことが、以前にも増して大切になってきています。清水さんが指摘する「お互いの保育を実際に見聞きし話し合えるので、保育者同士の保育観の確かめ合い、一致点の確認にとても有効な働きをする」ようになるためには、職員間での話し合いが以前よりも重要になっているのです。保育者が忙しくなり、話し合い、会議の時間がなかなか持てないという現状のなかで、工夫したり、合理化したりしながらも、しかし大切なことを切り捨てないように注意していくことが必要なのではないでしょうか。

第一章　注

（1）東京都私立保育園連盟夜間・長時間保育研究会の資料（二〇〇一年五月）より
（2）全国保育団体連絡会・保育研究所編『保育白書　二〇〇二年版』五一頁、草土文化、二〇〇二年
（3）同右、一五頁
（4）くわしくは、東京都私立保育園連盟夜間・長時間保育研究会『子どもの食事と睡眠を中心とした生活実態に関する調査〜親と子の生活をさぐる』、一九九五年八月、および拙稿「子どもの生活実態と保育の課題」『保育の研究』一三号、保育研究所、一九九四年を参照されたい
（5）丹羽洋子『職安通りの夜間保育園』二〇七〜二〇八頁、ひとなる書房、一九九一年
（6）近藤幹生『人がすき　村がすき　保育がすき』一四七、一四八頁、ひとなる書房、二〇〇〇年
（7）東京都私立保育園連盟夜間・長時間保育研究会、二〇〇〇年度、および二〇〇三年度夜間・延長保育データより
（8）村山祐一『もっと考えて!!　子どもの保育条件〜保育所最低基準の歩みと改善課題』八九頁〜九四頁、新読書社、二〇〇一年八月
（9）藤岡佐規子他「集団保育おける低年齢児のかみつきについて」『保育と保健』第四巻第一号、三六頁、日本保育園保健協議会、一九九八年七月
（10）清水益實「人間らしい生活をつくる保育」『新しい保育論へのアプローチ』一二一〜一二三

頁、ひとなる書房、一九八五年
(11) 筧美智子「子どもにとっても大人にとっても無理のない生活を～保育の軸を午後にもってきては？」『季刊保育問題研究』一八二号、一三八頁、新読書社、二〇〇〇年四月
(12) 吹田市藤白台保育園「十二時間の保育・どの子も輝く場がある保育園」『季刊保育問題研究』一九四号、二三七～二三九頁、新読書社、二〇〇二年四月
(13) 清水玲子・鈴木佐喜子『今の子育てから保育を考える』二一七～二一九頁、草土文化、二〇〇三年
(14) 高垣忠一郎『心の浮輪のさがし方　子ども再生の心理学』一三一頁、柏書房、一九九九年
(15) 清水住子「朝夕の保育は豊かな海と陸との波うちぎわ」『ちいさいなかま』一九八二年一一月号、二三、一九頁、草土文化
(16) 清水益實・清水住子「乳幼児の生活と日課づくり～堺市・いづみ保育園の実践から」『現代と保育』一一号、一三七頁、ひとなる書房、一九八二年
(17) 清水住子、前掲論文、二三頁
(18) 神田英雄『〇歳から三歳～保育・子育てと発達研究をむすぶ』一〇四～一〇六頁、草土文化、一九九七年
(19) 清水住子、前掲論文、二〇頁
(20) 田中登志江「地域みんなの保育園をめざして」『現代と保育』五三号、三四～三五頁、ひとなる書房、二〇〇一年
(21) 清水住子、前掲論文、二〇頁

(22) 清水益實・清水住子、前掲論文、一三八頁
(23) 同右、一三八頁

第二章

親・保育者の主体性を大切にする子育て支援

① 保育園における子育て支援をどうとらえるのか

子育て支援が社会的な関心を集めるなかで、保育現場でもさまざまな取り組みが進んできています。しかし、子育て支援に対する受けとめ方、それぞれの理解やイメージはかなり多様であり、子育て支援をめぐって矛盾や混乱も生じています。たとえば、子育て支援や延長保育は「親のためであって、子どものためではない」と消極的な対応をとる保育者がいる一方で、園の生き残り戦略として子育て支援を掲げ、数多くのメニューを並べる私立保育園もあります。さらに延長保育、年末保育、地域子育て支援と保育所に多くの課題が求められ、保育者が疲れているという状況も生まれています。

今日の子育て支援をめぐるさまざまな問題、「保育」と「子育て支援」という概念を整理し、とらえ方を明確にすることが求められていると考えます。この章では、保育園における子育て支援を中心に、保育と子育て支援、それぞれの概念や問題のとらえ方の整理を試み、今後の実践的課題を明らかにしたいと思います。

2 「少子化対策」と子育て支援
子育て支援は子育ての困難に対する施策

最近は、「子育て支援策が実施されても、少子化に歯止めがかからない。子育て支援に意味があるのか？」といった議論を耳にします。これは、エンゼルプラン以降、国が「少子化対策」を、保育所整備を主にした子育て支援策に力点を置いてきたことに起因しています。つまり、子育て支援が「少子化」対策と結びつけられて提起されたところに子育て支援の最大の問題があるのです。

少子化の要因と国の子育て支援策のミスマッチ

第一は、少子化の要因と保育所整備を主とした子育て支援策とのミスマッチです。少子化の最大の要因は、晩婚化と未婚率の増大であって、若者が子どもを「産まない」のではなく、「結婚しない」ことにあるからです。

朝日新聞『論壇時評』は、「ツボをはずす少子化議論　鍵は結婚が握っている」と指摘しています。このなかで藤原帰一氏は、託児施設などの整備によって共働き時代における子育て負担の軽減をめざした「少子化社会対策基本法」の成立を背景として、少子化をめぐる議論が、「少子化そのものよりも共働きの増加」の問題、「なぜ子どもを産まないかではなく、女性就労の増大が賛否を呼」んでいることに疑問を投げかけています。そして、日本における出生率低下と「二人っ子家族」の拡大は女性就労の拡大よりも前に起こった現象であり、その転機となったのが家族計画運動による中絶の合法化と避妊の普及にあったと述べたうえで、小倉千加子氏の「この国の少子化対応施策は、ことごとくツボをはずしている。税金の無駄遣いだとはっきり言っていいと思っている」「すべての鍵は、結婚が握っている」という指摘に「圧倒的なリアリティがある」と指摘しています[1]。

その小倉千加子氏は自身の著書で、少子化の背後には晩婚化と生涯未婚率の拡大があることを示したうえで、次のように述べています。「結婚はしたい。しかし『適当な』相手がいない。そう多くの人が感じているがために、日本の少子化はじりじり進行していく。少子化とは『結婚の条件』の問題なのである[2]」。

筆者も少子化の主要な要因は結婚にあると考えています。夫婦の平均出生児数は七〇年代以降、一貫して二・二前後を維持しています（図1）。結婚している家庭の出生児数はここ三十年間ほぼ横ばいで安定しており、「有配偶出生率は、むしろ合計特殊出生率を高める方向に働いて」きたのです。たしかに晩婚化が進めばそれだけ妊娠可能期間も短くなるわけで、夫婦の子どもの産み方がどの程度減少するのかということも検討されるようになっています。しかし少子化の原因は「夫婦の子どもの産み方が低調になったためではなく、もっぱら二十歳代の若者が結婚しなくなったこと」[3]にあるととらえられてきたのです。また、独身女性のなかで、「子どもが欲しい」人（八五・二％）が、「結婚したい」人（七八・九％）を上回り、三〇・三％が「結婚しなくても子どもは欲しい」と答えるなど、結婚よりも子ども願望が強いことを明らかにした調査もあります[4]。

また、夫婦の「理想の子ども数」は一九九七年二・五三に対して、出生児数は二・二であり、理想とする子ども数と実際の出生児数との間には開きがありますが（図1）、その主要な要因は、経済的な負担です。図2のように、「一般的に子どもを育てるのにお金がかかるから」三七％、「子どもの教育にお金がかかるから」三三・八％が上位を占めているのです。

子どもを持つということの意味の変化、出産・結婚をめぐる女性の心理など、少子化の要因、社会的背景については、より専門的な研究やていねいな検討が必要だと思います。ただ、少子化の主要な要因が晩婚化と未婚率の上昇という「結婚」「婚姻制度」にかかわる問題であるにもかかわらず、「少子化対策」として夫婦別姓はじめ婚姻制度、戸籍制度の検討や改革が全く政策課

図1 平均出生児数・平均理想子ども数の推移

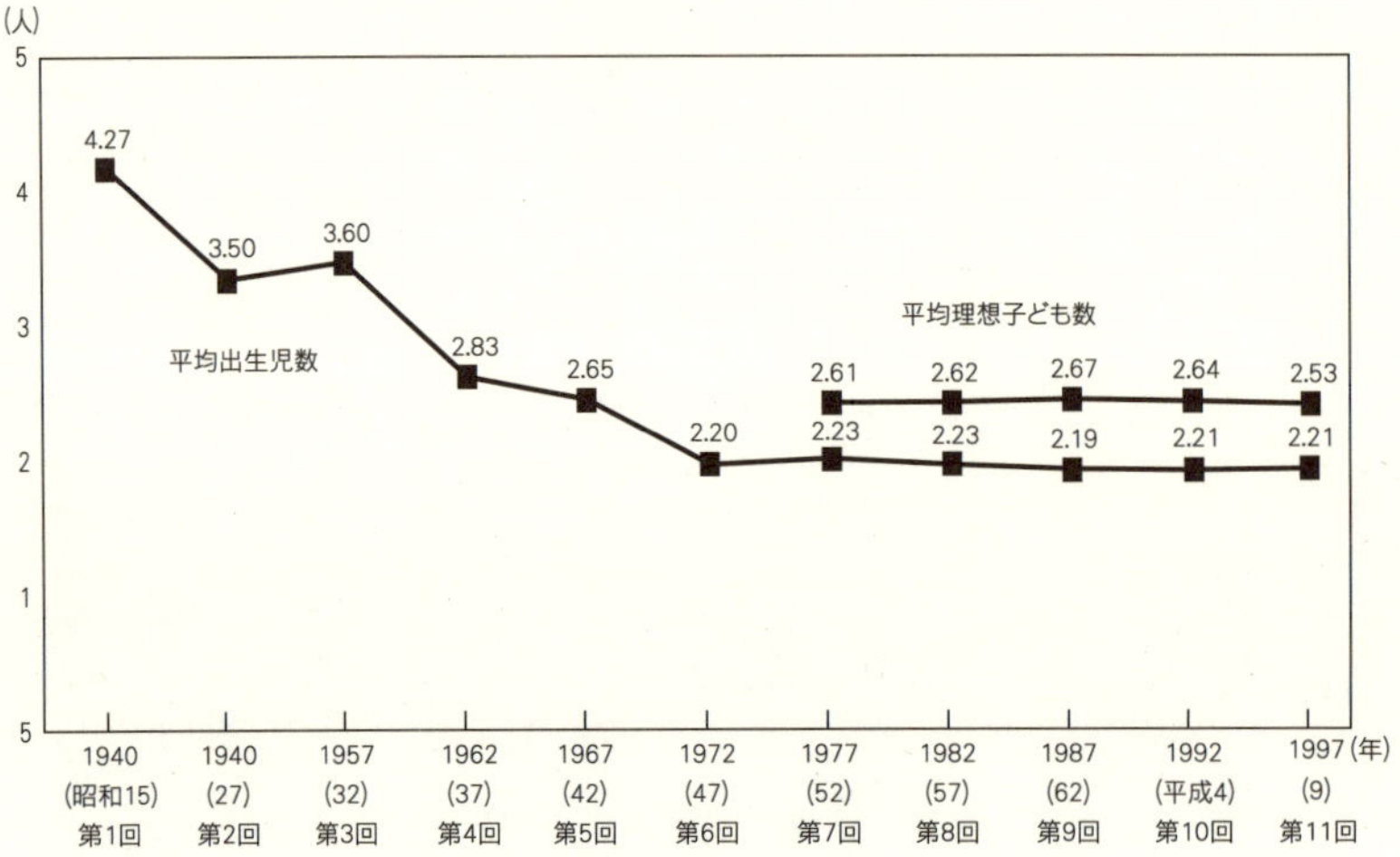

出所：国立社会保障・人口問題研究所「出生動向基本調査(第10〜11回)」「出産力調査(第１〜９回)」
注：１ 理想子ども数については、50歳未満の妻に対する調査。
２ 平均出生児数は、結婚持続期間15〜19年の妻を対象とした出生児数の平均。

図2 妻が理想の数の子どもを持とうとしない理由(1997年)

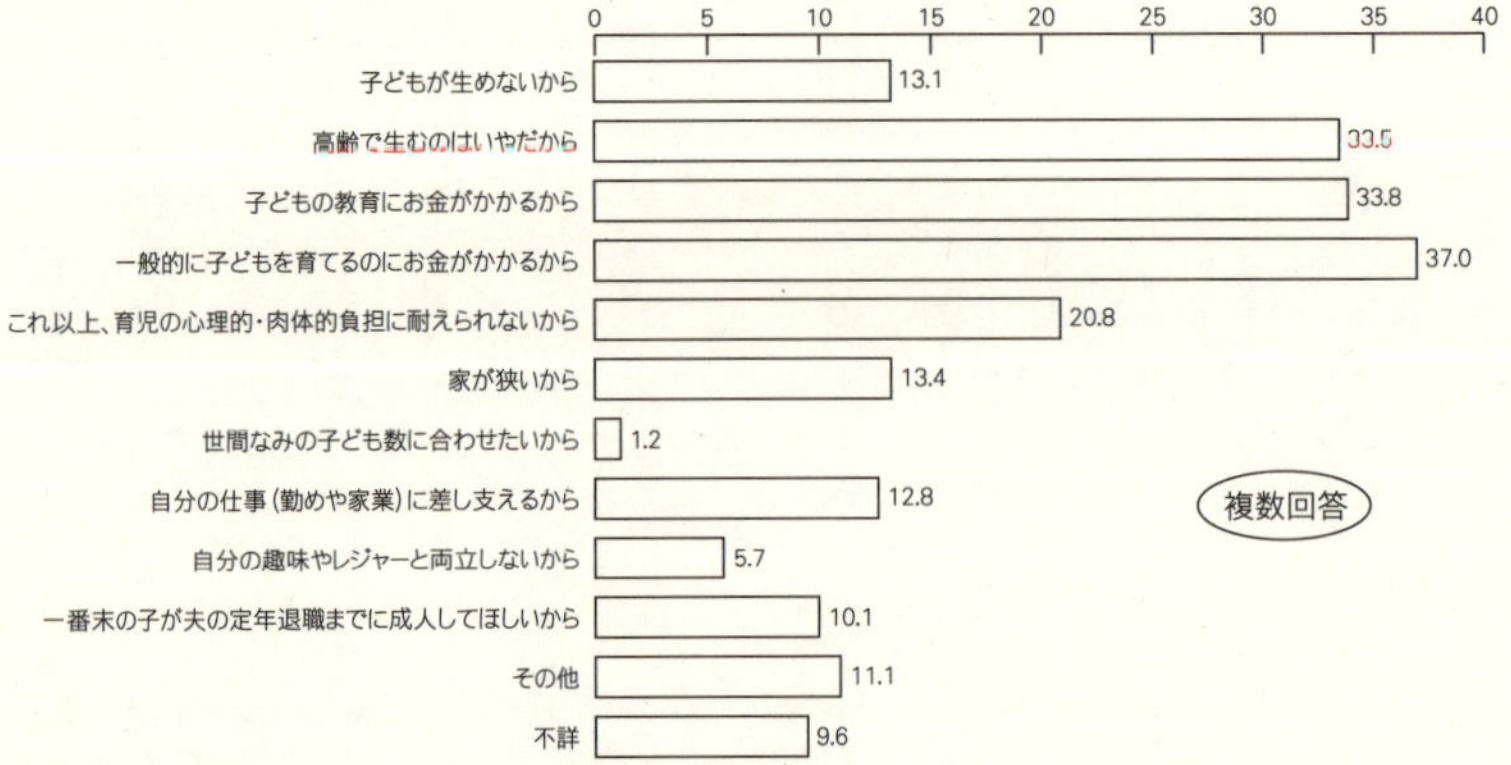

出所：国立社会保障・人口問題研究所「第11回出生動向基本調査」(1997年)
注：50歳未満の妻で予定子ども数が理想子ども数よりも少ない者に対する調査。

題として議論の俎上にのぼることはありません。また児童手当ての抜本的な拡充や教育費無償化、教育費負担の軽減を図る施策もわずかに児童手当てについての議論が見られるのみでほとんど手がつけられていません。そのなかで、保育所整備を主とした「子育て支援」のみが突出した形でクローズアップされ、次々と施策が打ち出される今日の状況の背景には、第Ⅰ部第一章で明らかにしたような、「共働き」の促進、あるいは待機児対策を口実とした保育所制度の「改革」という政治的・政策的意図が働いていると思われます。

出産に関する決定権は女性本人に認められるべき権利

第二に、国の「少子化対策」の人口政策的側面の問題です。こうした人口政策的側面に対しては、さまざまな危惧や批判が存在します。垣内国光氏は、二〇〇三年に相次いで成立した「次世代育成支援対策推進法」(成立二〇〇三年七月九日)、「少子化社会対策基本法」(成立二〇〇三年七月二十三日)について、少子化に対する危機論が、主要には①市場規模の縮小や労働力の減少による経済への悪影響の危機、②高齢化少子化による若年層への社会保障負担の増大の危機、③子どもが仲間のなかで育まれる機会が減少し子どもに社会性が育たなくなる、という三点に集約されると述べています。そして「少子化の危機」は結局は「政府や財界の危機」であり、「国民にとっては押しつけられた危機という面が強い」と指摘しています。さらに、九〇年以来の育児支援には「多少の誘導政策はあったにしても、正面切った法的な支配によって少子化対策を行うことに対しては極めて慎重であった」のに対して、少子化二法は、「国家が出生をコントロールすべく家族と個人の聖域に踏み込もうとする意志を示しているように見える」と危惧を表明しています[5]。

日本では、第二次大戦中、戦力増強のため「産めよ殖やせよ」と出産を奨励し、避妊・堕胎・産児制限を禁止しました。このように「社会経済的観点から人口の増減の是非が論じられ、その路線で政府の人口政策が行われてきたという長い歴史」がありました。それに対して「人口問題のパラダイム転換」「歴史上画期的な転換」が起こり、一九九四年の国際人口開発カイロ会議、一九九五年の第四回世界女性北京会議において「子どもの数、出産時期、出産間隔など生殖に関する自己決定権、および自分の性を他者からの強制によらず自己管理し享受できる権利」＝「セクシャル・ライツおよびリプロダクティヴ・ヘルス[6]」が認められた経緯があります。

今日の少子化対策は、目的は異なるもののかつての日本が進めてきたように、人口問題が社会経済的観点から論じられ、権利として認められるようになった「子どもの数、出産時期、出産間隔など生殖に関する自己決定権」と抵触する恐れがあるのではないでしょうか。

子育て支援は少子化のあるなしにかかわらず必要

第三に少子化対策と子育て支援との関係についての問題です。垣内氏は「子育て支援は少子化があるなしに拘わらず必要」であると指摘しています。「少子化が進行しているときだけ子育て支援が必要なのでもなく、少子化阻止に効果のある施策だけが子育て支援なのでもない。子どもが子どもらしく育つ権利があらゆる子どもに保障され、結婚と出産と仕事の自由があらゆる女性に保障されることそれ自体が追求されるべき政策的価値として選択されねばならない。少子化阻止などという動機は子育て支援のあらゆる施策から排除されねばならない[7]」というのです。この垣内氏の指摘は非常に重要であり、子育て支援の根底にすえられるべきだと考えます。

したがって子育て支援は、人口増殖の施策であってはならず、「①何よりも家庭と母親の完全な子産みの自己決定権保障のソーシャルプランでなければならず、②その内実は子どもが健やかに育つ権利が最優先される施策[8]」でなければならないでしょう。

以上の点をふまえるならば、「少子化対策」と子育て支援は事実としても理念としても別の問題として切り離してとらえるべきだと考えます。つまり、子育て支援は、あくまでも今日の子育ての困難に対してとられるべき施策であり、子どもの健やかな育ちを守り、親が安心して子育てできるための支援でなければならないと考えます。

③ 子育て支援は社会全体の課題

今日、多くの母親は、「子どもはかわいい」「子育ては楽しい」と感じながらも、苛立ちや不安を抱えながら子育てをしています。なかには、つらさや苛立ちが上回り、子育ての喜びを感じられない母親もいます。今日の子育ての困難は、多くの母親たちが孤立したなかで不安や苛立ちを抱えながら子育てしていることにあると言えましょう。

第Ⅱ部で明らかにしたように、多くの親たちが子育てに喜びを感じられず、悩み、苦しんでいるのは、日本の社会が親の喜びや満足を阻害する社会であるためと考えられます。したがって、親が子育てに喜びや満足を感じ、安心して子どもを育てられる社会にしていくことは、社会全体の重要な課題です。そのためには、子育て支援事業の拡充ももちろん大切ですが、仕事と子育ての両立を可能とする労働条件の整備、教育費の無償化、補助の充実、児童手当ての拡充など、親の教育費、住宅費などの子育てにかかわる経済的負担を軽減する社会保障、児童福祉の抜本的な拡充といった社会全体の制度やシステムの改革が必要であることを強調しておきたいと思います。そのことを前提としながら、ここでは保育園における子育て支援に焦点を当てて考えていきたいと思います。

地域子育て支援の最大の課題、焦点は、家庭にいる乳児とその母親です。子育ての困難は、専業主婦の母親にとりわけ顕著に現れています。専業主婦の母親のほうが子育ての喜びを感じる割合が少なく、育児不安や苛立ちが大きいことが明らかにされています。経済企画庁国民生活局の調査では、「育児の自信がなくなる」「自分のやりたいことができなくてあせる」という項目で、専業主婦のほうが、高い割合をしめしています。（図3）

また、末子〇～二歳の子どもを持つ母親の七一％、七割は専業主婦です（総務庁国民生活基礎調査一九九八年版）。待機児が問題となっているように働く母親が増えつつありますが、現状においては、乳児を育てている母親の圧倒的多数は専業主婦だということをまず確認しておくべきでしょう。

子育て支援を最も求めているのが、この家庭で乳児を育てている母親たちです。さまざまな施設における子育て支援の取り組み、保育園における地域活動事業にやって来る親子はほとんどが乳児とその母親です。たとえば、東京都武蔵野市の子育て支援施設「０１２３吉祥寺」にやって来る子どもの年齢は〇歳一三～一五％、一歳四割、二歳二五～三〇％と、〇歳から二歳の子どもが全体の八割を占めています（図4）[9]。つまり乳児を育てている母親が一番、子育て支援を求めていると言えましょう。幼児以降であれば幼稚園という場、受け入れ先があります。他方保育園に通う乳児は、まだ全体からすればごく少数です。したがって、乳児とその母親の居場所、受け入れる場が求められているのです。

図3 専業主婦の母親に大きい育児不安

「お子さんを育てながら次のように感じることがありますか。次の(ア)～(ウ)のそれぞれについてお答え下さい。((ア)～(ウ)それぞれ○は1つ)」

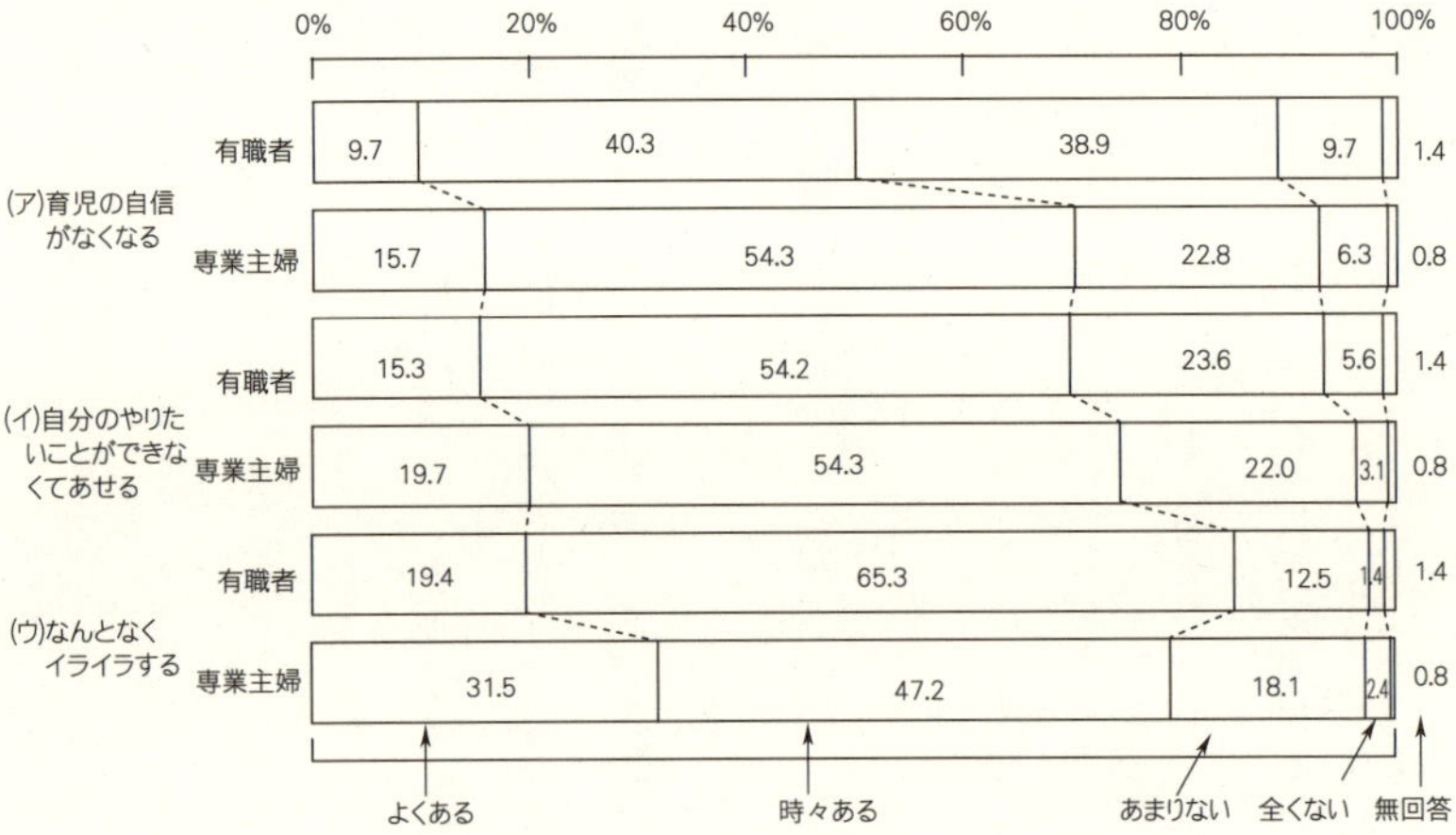

出所：経済企画庁国民生活局「平成9年度国民生活選好度調査」
注：1 回答者は第1子が小学校入学前の女性である。
2 有識者にはフルタイム、パートタイムを含んでいる。

図4 年齢別の利用状況推移(平成5～8年度)

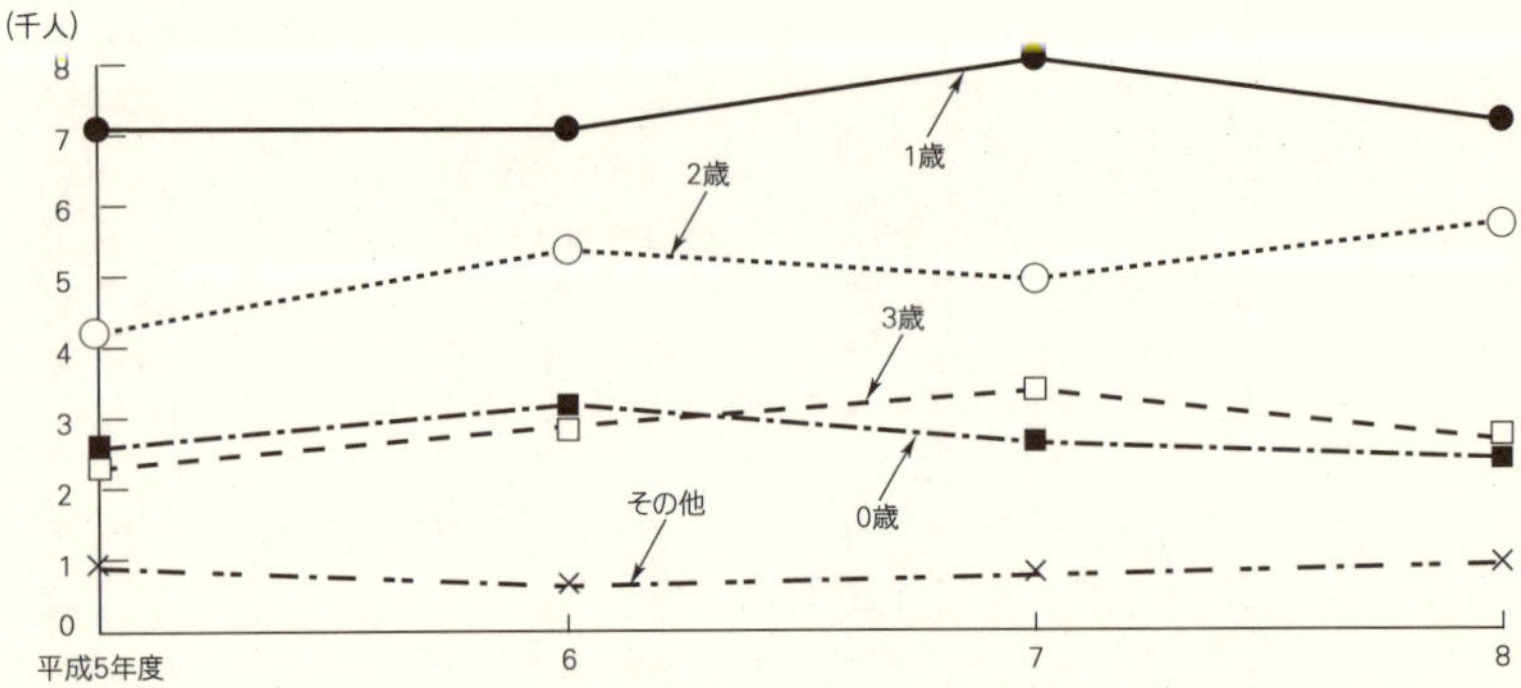

柏木恵子・森下久美子編『子育て広場0123吉祥寺』(ミネルヴァ書房、1996年)より

しかし、子育て支援の取り組みが始まったとはいえ、まだまだ子育て支援は子育て中の母親に十分には届いていない現状があります。彩の国さいたま子育てネットワークが一九九九年に実施した「子育て『実感』アンケート」(三千八百一人の専業主婦の母親対象)によれば、「子育てを国や世の中が応援していると実感できますか?」の問いに七八%、約八割の母親が「いいえ」と答えています(図5)。また、「国や行政の行っている子育て情報や子育て支援は必要なところに届いていると思いますか?」の問いに対しても八四%が「いいえ」と答えています(図6)。八割の母親が子育てを応援してくれていると実感できない、国や行政の支援が届いていないと答えているのです。これは、埼玉だけに限らず日本全国の大多数の母親の実感ではないでしょうか。

以上のことから、家庭にいる乳児と母親に教育や保育、子育て支援の恩恵がまだ及んでいない現状があることは明白です。

図5　あなたは子育てを国や世の中が応援していると実感できますか。

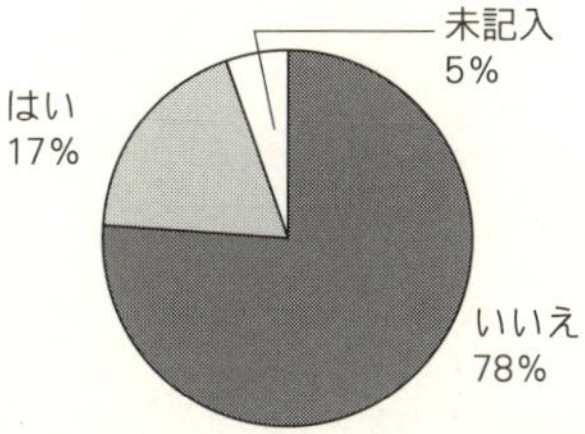

図6　国や行政の行っている子育て情報や子育て支援策は、必要なところに届いていると思いますか。

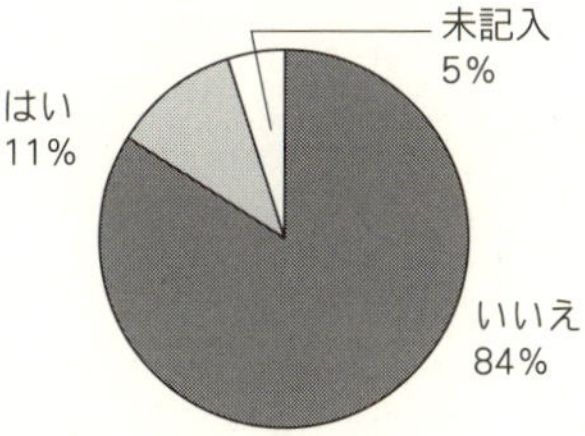

彩の国さいたま子育てネットワーク「子育て『実感』アンケート」(1999年)より

国は長い間、「三歳までは家庭で母親の手で」と「三歳児神話」をかかげ、その現実を検証することなく、乳児は家庭で母親の手で育てられることが理想だとしてきました。「三歳児神話」が家庭で育てられる乳児とその母親に対する国の子育て支援を遅らせてきたとも言えるでしょう。子育て支援は乳幼児期だけに必要だということではありません。しかし、子育て支援のなかでも、家庭で乳児を育てている母親に対する支援は、大きな課題となっていることは明らかです。

子育て支援については、現在、さまざまな模索、試行が進められつつあります。子育て支援センターや保育所だけでなく、母親たちのネットワーク、児童館、公民館や幼稚園などでの取り組みもあります。保育園だけが子育て支援を担わなければならないということにはならないでしょう。しかし、それぞれの保育園が、「地域の保育園」「地域の子育てセンターとしての保育園」として、地域で何が求められているのか、園の条件をふまえながら何をすべきなのか、何ができるかということを保育者、職員が検討し、地域の人々と共に実践を切り開いていくことが重要なのではないかと考えます。

④ 親は子育ての主体、子育てしやすい地域をつくりだす主体

子育て支援において、親は子育ての主体であると同時に、子育てしやすい地域を作り出す主体であることをおさえておくことが重要であると考えます。丹羽洋子氏は、「子育て現場の実態や思いに根ざしていない『恩恵的（してあげる）子育て支援』は、一定の成果はあげるものの、し

ばしば支援する側にもされる側にも負担感や不満感を堆積」させると指摘しています。そして、「親たちを『支援対象』にとどめず、『安心して子育てを営む権利主体』」としてとらえることを提起しています。「『自分たちで地域の子育て環境を知る・考える・豊かにする』親たちと、地域の専門職や住民のさまざまな知恵と能力の有機的結合が、新たな『地域の子育て力』をも育んでいく[10]」からです。

子育て支援のボランティア団体「こころの子育てインターねっと関西」を立ち上げた原田正文氏も「公的子育て支援が、親たちの主体性をつぶす結果になっていないか」と疑問を投げかけています。エンゼル・プランがトップダウンで市町村におりてくるなかで、ピントはずれの過剰なサービスやいろいろなイベントが行なわれ、その結果、せっかく育ちはじめた親の自主的な活動が衰退するという現象まで生じているというのです。原田氏は、こうした現状をふまえ、子育て支援のあり方としては、「『親を運転席に！　支援職は助手席に！』という新しい仕事のスタイルがぜひ必要」であり、「親の主体性を延ばし、専門職は地域のコーディネーターとして黒子に徹する必要がある[11]」と指摘しています。

同じ「こころの子育てインターねっと関西」にかかわっている小児科医福井聖子氏は、論文「子育てサークル支援はどうあるべきか」のなかで、育児サークルに関する興味深い調査を紹介しています。[12]何らかの支援を受けているサークルの六割でスタッフは負担「あり」と回答しており、支援のないサークルより一五%も高かったというのです（図7）。また支援を受けているサ

図７　支援の有無とスタッフの負担

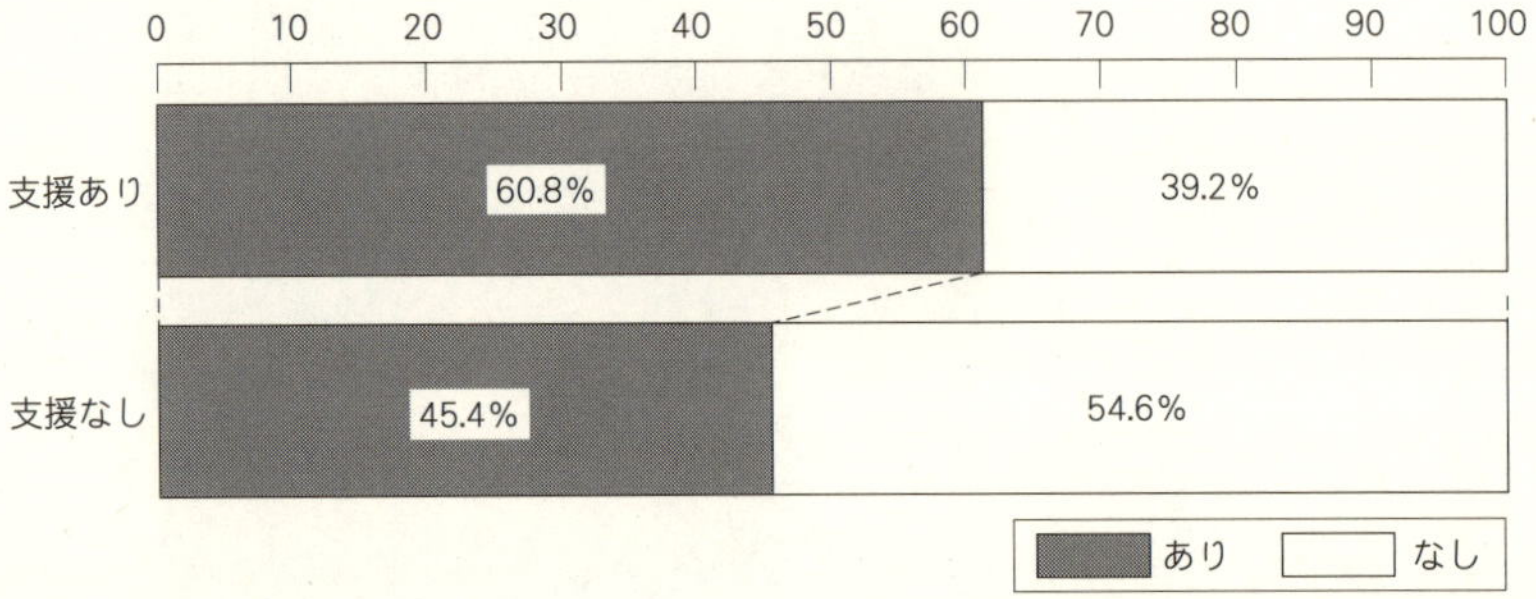

表１　親と保育士の違い

	親	保　　育　　士
もともとの条件	子どもができる	教育・資格
構　　成	あらゆる階層・職種	保育・幼児教育に従事
めざすもの	生活が成り立つ	乳幼児の成長
幼児に関わる期間	わが子が幼児の間	在職中ずっと
発揮すべき役割	わが子の教育	乳幼児の健全育成　乳幼児の集団生活を営む
子どもが好き？	わが子だけに愛憎半ば	好きでなければ、勤まらない
幼児の遊びについて	理解が必要　つきあいきれない	遊ぶ技術を習得　関わることが楽しい
幼児の集団	どうまとめていいか……？	引きつける魅力を習得

福井聖子「子育てサークルの支援はどうあるべきか」『現代と保育』56号より

図８　子育て支援の場所作り等の企画・運営などに参加したいと思いますか

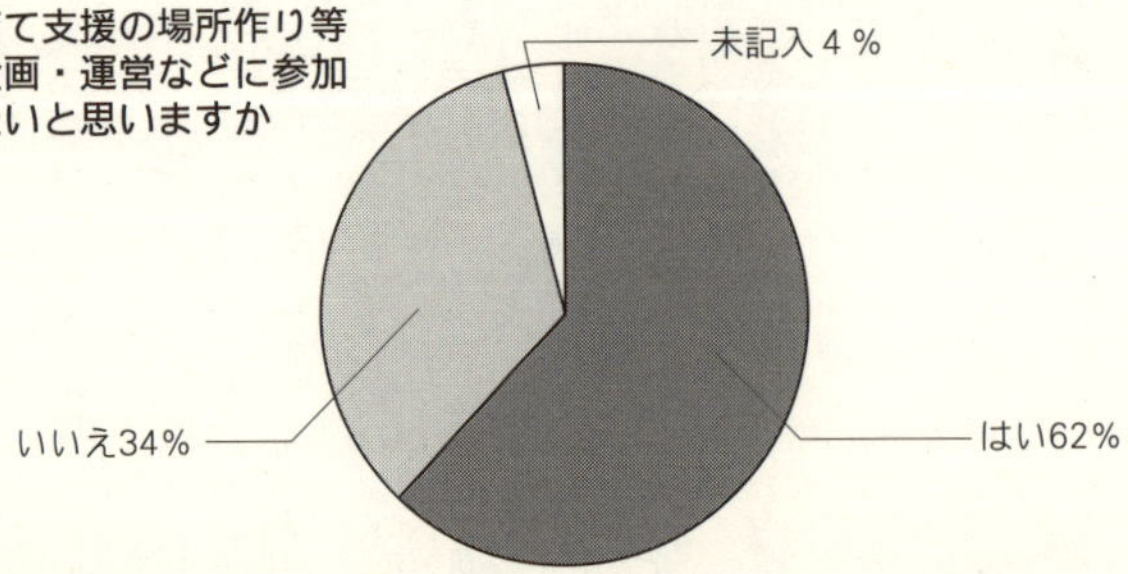

彩の国さいたま子育てネットワーク「子育て『実感』アンケート」（1999年）より

ークルのほうが「支援を望む」率が一〇％程度多く見られ、支援を受けることが自立につながるのではなく、依存に結びつく傾向が見受けられるとも述べています。福井氏は、支援が必要ないと言っているのではありません。やはり支援は必要だと考えています。支援を受ける側の親たちが、「より良い自主活動を行なっていけるような」支援のあり方を考える必要があると提起しているのです。

その際、福井氏は、親と保育士の違いを表にまとめ、こうした違いをふまえて親に保育者のような遊び方や言葉かけを求めないことが重要だと指摘しています（表1）。親は「どんな人でも子どもができれば親」であり、あそびについても得意不得意があり、幼児の集団を扱ったことがない人がほとんどで、教育を受けた保育者とは基本的に異なるからです。「保育者ができる遊ばせ方をそのまま指導しないように配慮すべき」だというのです。保育者が親に高度なことを要求してしまうと、できる人に頼ったりできないことに悩んだり、親の負担感や悩みを増加させることにつながってしまうのでしょう。サークル支援では、「自主活動を応援しながら見守ること、そして何か困難があれば、まずメンバーが自分たちで解決するための力になるとともに、子どもに悪影響が出ないように配慮すること」が大切だと福井氏は指摘しています。

専業主婦の母親たちにとっては、とりわけ子育て支援の活動は、社会参加、自己実現としての意味あいを持っています。子育て情報誌を作る、児童館を作る運動に取り組む、「子育てが辛いときに育児サークルで救われた。今度は役に立つ側にまわりたい」と子育て支援ボランティア講座に参加するなど、母親たちの子育てネットワークの取り組みや活動がさまざまな形で展開されつつあります。先の彩の国さいたま子育てネットワークの調査でも「子育て支援のための場所づくりの企画・運営等に参加したい」母親は六割を越えていると言います（図8）。

子育て支援センターや保育園に来ることで一時、ホッとしてまた子育てに元気に取り組めるということも意味のあることです。しかしそれだけでなく、丹羽氏が指摘するように、親たちを「支援対象」にとどめず、「子育てしやすい地域を作り出す主体」であり「新たな地域の子育て力」を創りだすという方向性を持って子育て支援を考えていくことが重要であると考えます。原田氏は、子育て現場の状況は大きく変わっており、「子育て真っ最中の母親たちの取り組みには、目を見張るものがあり、その点、子どもに仕事としてかかわっているという意味でも専門職の方よりも、子育て真っ最中の母親たちの方が時代の一歩先を歩いているように感じます」と述べています。丹羽氏のいう「子育てしやすい地域をつくり出す主体」「新たな地域の子育て力」は、すでに現在の母親たちの取り組みのなかに育まれつつあるのだと思います。

5 保育園における子育て支援の特色と課題

子育て支援は保育の営み、実践のなかに

今日、子育て支援は国によって提起された新たな施策であり、新しい取り組みとして、あるいは保育とは別の新しい課題と理解されることが多いように思います。たしかに子育て支援が社会的な課題として広く認知され、施策として掲げられるようになったのは最近のことです。しかし、保育園の歴史をふりかえれば、むしろ保育園の保育の営み、実践のなかに豊かな「子育て支援」の実践や取り組みが存在していたのではないでしょうか。保育園の運動や実践が、「地域の子育てセンターとしての保育園」という理念を作りだし、実践を蓄積してきたことを忘れてはならないと思います。

戦後、国が保育の充実に消極的ななかで、保育者たちは親と共に力を合わせて母親の働く権利と子どもの発達を保障するため、厳しい条件のもと、保育の充実を求め豊かな実践の蓄積を図ってきました。「子育て支援」「家庭支援」と銘打たなくとも、父母と保育者が共に子どもを育てることを大切にし、貧困、夫婦、嫁姑など家族の悩み、仕事と子育ての両立の困難などさまざまな

問題を抱える父母を励まし、支えてきた多くの保育園があり、保育者たちがいました。今日でもたくさんいます。そして保育研究運動は、親と保育者が一緒に子どもを育てていく「共育て」の精神を生み出してきました。この「共育て」には、親を単に「支援」の対象とするのではなく、親と保育者が対等な関係のなかで、共に子どもを育てていくという考え方を含むものでした。

さらに、八〇年代以降、「地域の子育てセンター」としての保育園という新たな保育園の役割、性格が明らかにされてきました。地域に目を向け、保育所に入りたくても入れない子ども、子どもの成長や発達に好ましい子育てが行なわれている家庭ばかりではないという地域の子育て実態に心を痛め、「あそぼう会」などの実践や取り組みが生み出されてきたのです。その蓄積のなかで、「地域の子育てセンター」としての保育園、市民に開かれ、市民と共にある保育園という方向性が切り開かれたのです。

このように、今日の子育て支援はこれまでの保育の営み、保育者たちの豊かな実践の蓄積のなかに内包されてきたものであることを今日の子育て支援を考えるうえで、まず確認しておきたいと思います。

この本のなかで、改めて「保育とは何か？」を原点に帰って問いなおすこと、父母の生活や労働の実態をつかみ、地域の人々にとって保育園がどうあったらいいか、くりかえし問いながら保育を創りだしていくことこそが重要だと強調してきましたが、それは、保育園が「地域の子育てセンター」となることに他なりません。

大切な保育者の主体性

保育園の状況が厳しくなるなかで、子育て支援になかなか足を踏み出せない保育園も少なくありません。また、「園長・行政がやれというから」「園の生き残りのためのメニュー」などというものとして取り組まれた子育て支援では、保育者の主体性を欠いていることになります。保育者自身が子育て支援の意味をつかみ、主体的に取り組まないと、疲労感、負担感だけがつのり、豊かな実践を保育者が主体的に切り開いていくことは困難です。

保育園における子育て支援が、地域の親、保育者双方にとって意味のある取り組みとなり、発展していくためには、保育者が主体的に取り組み、保育者の主体性が発揮されることが重要です。そのためには、地域の実態調査や親の生の声から、地域の子育ての実態をリアルにつかむこと、職員の研修や話し合いのなかで、地域における保育園の役割や子育て支援の意味を深めていくことが大切だと考えます。

いったん子育て支援の活動に取り組み始めると、その反響や親から寄せられた声から、地域子育て支援の意味や効果を実感する保育者はたくさんいます。取り組みにおいても、保育者が、母親たちが何を求めているかをつかみ、実践を交流し、知恵を出し合うなかで実践が広がり豊かになっていくのです。

保育の豊かな蓄積が子育て支援の中核

保育園における子育て支援の最大の特色、保育園がその力量を発揮するよさは、保育園が子どもたちの生活の場であり、保育士、栄養士や看護師など、子どもの育ちにかかわる専門職がいることにあると考えています。

子どもは園で楽しく遊ぶことができます。母親たちは自分の子どもと同年齢の子どもたちの姿を見て、成長の過程や同じ年齢でも個人差が大きいことを自分の目で確かめることができます。子どもが大好きな面白いあそびや絵本、手あそびなどの活動を子どもと一緒に楽しみながら覚えることもできます。保育者の子どもへのかかわり、離乳食や給食を実際に味わったり、メニューや作り方を学ぶこともできます。

保育者側から言えば、子ども理解、発達のとらえ方、生活やあそびなど、保育の蓄積を活かすことができるのです。離乳食やあそび方などの育児教室を開催したり、泥んこあそびなどさまざまな活動のプログラムを組むこともできます。子育て支援の活動を企画し内容を組む時、保育のなかで子どもと一緒にやって楽しかったことやその時期の子どもにとって大切にしたい活動が土台となるのです。たくさんの事例と保育の手だての引き出しを持っています。

保育者はこうして蓄積してきた力を発揮することができるのです。このように保育園が培ってきた保育の力、財産を地域の親子に還元すること、活かすことこそ、保育園における子育て支援の最大の特色であり、よさだと考えます。豊かな保育の蓄積が保育園における子育て支援の土台となるのです。

保育園における子育て支援の課題

一方、保育園における子育て支援には課題もあります。子育て支援を実施している園の数や内容がまだまだ不十分であるということです。育児相談、子育てサークルの育成・支援など子育て支援の多様な機能と拠点的役割を担う地域子育て支援センターについて見れば、二〇〇一年度「地域子育て支援センター事業」実施保育園数は、都道府県・中核都市で公営八百七十ヵ所、民営九百二十一ヵ所の計千七百九十一ヵ所です。保育所の施設数が公営一万二千七百十七、民営二万二千百九十九の計の百九万三千十二ですから、地域子育て支援センターとなっている保育園の割合は一・六％に過ぎません。

また、地域子育て支援センターではない保育園でも子育て支援の活動を実施しています。が、その多くは年四回、月一回など実施日が決められており、母親たちからは「もっと頻繁に実施してほしい」との声があがっています。泉千勢氏は、保育園における子育て支援が、ホール・園庭など既存の施設を使用し、日時の指定があり、人数も限定（登録制）されており、活動内容も園側で準備されているのがほとんどであることを明らかにしています。こうした活動が「普段仲間がいない親子には意義のあること」であり、「提供側も模索の段階」であることを認めたうえで、「親の育児力を引き出し、親が親として自立できる支援をめざすならば、いつでも自由に参加でき、仲間と一緒に自分たちで活動の企画ができる、そのような家庭の親子のための『ひろば（親子サロン）』が必要であ」り、「『子育て支援』の本来の意味を問い直すならば、このような取り組みは、提供側の自己満足に終わっていないだろうか」と疑問を投げかけています[13]。

先に述べたように、子育て支援を考える際には、親たちを「支援対象」にとどめず、「子育てしやすい地域を作り出す主体」であり「新たな地域の子育て力」を創りだすという方向性を持って子育て支援を考えていくことが重要であり、それを実現するためには泉氏が指摘するように、いつでも自由に参加でき、親たちが仲間と一緒に自分たちで活動していけるような場が必要になります。こうした点から考えると、現在の保育園の子育て支援に泉氏が指摘するような問題が存在すると言うことができるでしょう。

なぜ保育園の子育て支援が十分なものとならないか？

通常保育と子育て支援活動とのジレンマ

ただ、なぜ保育園の子育て支援がそのように十分なものとなり得ていないのかをもう少し考えてみる必要がありそうです。保育園がもっと充実した子育て支援を実施したいと考えてもできない現状があるからです。

改訂された保育所保育指針は保育所における地域活動事業について「通常保育に支障を及ぼさないように配慮しつつ、積極的に取り組む」と述べています。しかし施設・設備や人の配置など、条件の整備がなされない限り、そこには大きな矛盾があります。緊急一時保育で乳児が入所し、一人の保育者がその子にかかりきりで保育が大変になる、雨の日の地域活動事業のため、保育園児が外に出てクラスを空けなければならない、子育て支援担当として保育者が抜けクラスの保育が大変になるなどの困難を抱えたり、「もっと活動日を増やしてほしい」という地域の母親の声になかなか応えられないなど、「通常保育」と子育て支援の活動とのジレンマを保育現場が抱えている現状があるのです。

これまで述べてきたように、子育て支援は社会的課題であり、保育園は子育て支援において重要な役割を果たすことができる貴重な社会的資源です。しかし、人や予算をつけず、保育者の姿勢や心がけだけで対応しようとすれば、通常の保育に支障が生じたり、保育園における子育て支援の取り組みが十分なものとして広がっていくことは困難でしょう。国や自治体は、保育園における子育て支援に対して、専用の施設・部屋と人的配置をし、専門職員を置くくらいの施策をとるべきでしょう。保育園は、できることを積み重ねつつ、実践の蓄積のなかで、国や自治体に保育園における子育て支援の拡充を求めて働きかけていくことが重要な課題となるでしょう。

子育て支援の取り組みのなかで親を見る目を深める

同時に、親の見方や対応を見直していくことも保育園が子育て支援をしていくうえで重要な課題となるでしょう。先に述べたように、親を「支援対象」ととらえていては本当の意味での子育て支援につながっていきません。「やってあげる」支援にとどまってしまいます。「子育てしやすい地域を作り出す主体」ととらえたうえで、こうした方向性を持って、どのような子育て支援をつくり出していくかが課題となるでしょう。

子育て支援を実施することで、保育者の親の見方が変化していくという場合も見られます。子育て支援の取り組みを始めると、地域の母親に感謝されることも多く、保育者たちは手応えを感じ、一層熱心に取り組み始めます。反面、園の親たちに対しては厳しいということも時として見受けられます。地域の母親たちは子育て支援の活動に来た一時の姿しか見えないのに対して、保育所の父母とは毎日毎日のつきあいであり、心の底で感謝していても毎日「ありがとう」と言われるわけではなく、時にはぶつかり合うこともあります。どうしても保育所の親たちを見る目が厳しくなってしまうのでしょう。

しかし子育て支援に取り組む保育者たちから、「保育園のお母さんの支援も大切」「預かっているお母さんたちにけっこうきびしいのでは。だから両方大切にしていかなければ」「子育て支援の内容を……整理していくうち、これらは逆に在園の親子にも当てはまる援助内容だと気づいた」(14)

との声が共通に出されていることは重要です。また、子育て支援のプログラムに参加した親たちの熱心な姿を目にしたことで保育園の親への見方も見直したという保育者の話を耳にしたこともあります。

子育て支援は地域の親たちだけのものではありません。保育園の親たちにも必要です。子育て支援に取り組んでいる先の保育者たちのように、今の親たちの大変さ、親の思いを深くつかむことが、園の親への見方をも深めていくことにつながっていく可能性もあるのです。

第二章　注

（1）朝日新聞「論壇時評」、二〇〇三年十一月二十五日
（2）小倉千加子『結婚の条件』一九頁、朝日新聞社、二〇〇三年
（3）『日本の将来推計人口』一九九七年版
（4）「独身女性の三割〝子供願望〟『結婚しなくても欲しい』」『毎日新聞』、二〇〇〇年三月二十九日。結婚情報サービスオーエムジー「恋愛・結婚・子供願望調査」、首都圏と阪神圏に住む二十～三十九歳の仕事を持つ独身女性計四百人を対象に実施。
（5）垣内国光「少子化対策狂想曲を子育て支援の子守歌へ～次世代育成支援対策推進法、少子化社会対策基本法を読み解く」『保育情報』三二三号、六～八頁、保育研究所、二〇〇三年十月
（6）柏木惠子『子どもという価値～少子化時代の女性の心理』五八～五九頁、中公新書、二〇〇一年
（7）垣内国光、前掲論文、九頁
（8）垣内国光「エンゼルプランの〝思想〟と政策」六六頁、小川政亮編『福祉行政と市町村障害者計画』、群青社、一九九七年
（9）柏木惠子・森下久美子編『子育て広場０１２３吉祥寺』資料編、二一頁、ミネルヴァ書房、一九九六年
（10）丹羽洋子「母親たちにとっての『子育て支援』」『発達』八四号、三九頁、ミネルヴァ書房、二〇〇〇年八月

(11) 原田正文『子育て支援とＮＰＯ～親を運転席に！　支援職は助手席に！』二四～二五頁、朱鷺書房、二〇〇二年
(12) 福井聖子「子育てサークルの支援はどうあるべきか」『現代と保育』五六号、一二九～一三〇頁、一三五～一三六頁、ひとなる書房、二〇〇三年
(13) 泉千勢「ポストの数ほど親子のひろばを」『現代と保育』五五号、一三七～一三八頁、ひとなる書房、二〇〇三年
(14) 「レポート　目黒区立保育所の取り組み～公立園が一致してすすめる支援」二〇頁、田中昭子「いま求められている内容とは何か」五六～五七頁、『現代と保育』五三号、ひとなる書房、二〇〇一年

あとがき

この本の上巻第Ⅰ部では、今日の社会の構造的な変化と父母の労働実態を明らかにし、高まりつつある「親の保育要求に応え」、「子どもの育ちを保障する」保育を今日の社会において、どう考え、実現していけばよいのかを明らかにすることを課題としました。労働や経済、福祉分野の諸研究から学びつつ、それらを基に、今日の保育の現状をトータルにとらえようと試みました。今日の困難な保育の現状と保育をめぐる錯綜した議論を整理し、希望につながる展望・要因を見い出したいと考えたからです。筆者の力不足ゆえ、不十分な点も多々あるかと思います。ご意見、ご批判をいただき、保育の現状分析、今後の展望についての議論が深められれば幸いです。

下巻第Ⅱ部、第Ⅲ部では、日々の親との対応や関係づくり、今日焦点となっている長時間保育や地域子育て支援を取りあげ、「親を支えること」と「子どもの育ちを保障すること」をどちらも大切にする保育のあり方を実践的に明らかにすることを試みました。「子どもの育ちを保障すること」が「親を支えること」につながるように、両者は常に対立し合うわけではありません。しかし今日の子育て、保育をめぐる状況のなかで「子どもの育ちを守ることと親を支えることのジレンマ」が保育者の前に鋭く立ち現れてきており、ここに現代的な課題があると考えました。

このジレンマは簡単に「こえられる」ものではありませんが、それでもなお「子どもの育ちを保障すること」と「親を支えること」のどちらかを切り捨てるのではなく、「ジレンマをこえて」親も子も大切にする保育を保育者の苦闘、模索のなかから明らかにしたいと考え、課題としました。

これらの課題にどこまで迫ることができたかは読者の方々のご判断に委ねる他ありませんが、「親を支えること」「親の保育要求に応えること」と「子どもの育ちを保障すること」のジレンマに悩み、模索を続けることこそが保育という営みであり、保育者の専門性の中核であるという思いは一層、強くなりました。ただ、この本では課題設定上、これまで筆者が強調してきた「ともに子どもを育て、保育をつくり出す親と保育者の関係」を内実を伴うものとして十分に明らかにすることはできませんでした。「親を支えること」と「親と保育者の対等な関係」をどう関連づけてとらえるのかということも今後、深めたい課題です。この課題については、子育ての困難など親の側に対等な関係を作っていくうえでの難しさがあるというだけでなく、保育者が親の主体性や可能性を、あるいは新たな親と保育者の結びつきを未だ見いだしえていないのではないかという思いがあります。これからの保育者の実践や模索を見つめ、探っていくことを今後の課題としたいと思います。

一九九九年に『現代の子育て・母子関係と保育』（ひとなる書房）を出版して以降、子育ての問題や親の問題を中心に保育現場との関わりが増えました。この本は、こうしたさまざまな研修、研究会のなかで出された保育者の疑問や悩みを共に考え、課題としてふくらませるなかで生まれたものと言ってよいでしょう。こうした場で出された事例、実践も数多く引用させていただきました。お名前を出せなかった方々も含め、多くの保育者の方々からたくさんのことを学ばせていただいたことに、心からお礼を申し上げます。また、お忙しいなか親の立場からの手記を寄せていただいた武田さくらさん、高松宣雄さん、大原美絵さんにお礼申し上げます。親の働き方や仕事への思い、子どもや保育園に対する思いが綴られた手記によって、今の親の姿がより活き活きとリアルになりました。

この本のほとんどは新たに書き下ろしたものです。ただ第Ⅱ部、第Ⅲ部については、部分的に下敷きにした著書、論文がいくつかあります。参考までに、主なものをここに記しておきます。

第Ⅱ部
・鈴木佐喜子他「保育者と親の食い違いに関する研究~保育、子育ての問題を中心に」『保育学研究』第三七巻第二号、日本保育学会、一九九九年十二月
・「今日の子育てと保育・社会的支援」、『母と子の健康』三七号、二〇〇二年六月
・清水玲子・鈴木佐喜子『今の子育てから保育を考える』草土文化、二〇〇三年
第Ⅲ部
・「延長・長時間保育実践の視点と考え方」、保育研究所編『延長保育をすすめる』ひとなる書房、一

九九七年

・「保育所における子育て支援」『保育の研究』第十八号、二〇〇一年十一月

なおこの本の執筆にあたっては、『現代の子育て・母子関係と保育』との重複を最小限に留めました。関心のある方はこちらの本を合わせてお読みいただければ幸いです。

二〇〇三年度の研修休暇にこの本の刊行に向けた準備を進めることができました。また、この本は白梅学園短期大学教育・福祉研究センターの出版助成を得て刊行されました。これらがなければ、この本は生まれなかったでしょう。記して関係各位にお礼を申し上げます。

出版の機会を与えて下さったひとなる書房の名古屋研一さんに心より感謝申し上げます。編集の松井玲子さんには、原稿・図表のていねいな検討と的確な助言をいただき、大変お世話になりました。その労に深く感謝いたします。

二〇〇四年二月

鈴木　佐喜子

鈴木　佐喜子（すずき　さきこ）
1951年生まれ
東京大学大学院教育学研究科博士課程修了
武蔵野女子大学短期大学部を経て、
1995年より白梅学園短期大学
現在　白梅学園短期大学教授
著書に
『現代の子育て・母子関係と保育』（ひとなる書房、1999年）
共著に
『今の子育てから保育を考える』（草土文化、2003年）
『赤ちゃんがいるけど出かけたい』（草土文化、1997年）
『保育の思想（日本）』（労働旬報社、1987年）
『現代家族と子育て』（青木書店、1986年）

時代と向きあう保育（下）

2004年３月31日　　初版発行

著　者　　鈴　木　佐喜子
発行者　　名古屋　研　一

発行所　㈱ひとなる書房
東京都文京区本郷２－17－13
広和レジデンス101
電　話　03（3811）1372
ＦＡＸ　03（3811）1383
http://www.mdn.ne.jp/~hitonaru/

印刷／モリモト印刷株式会社